「競争の時代」の国・地方財政関係論

一般財源は自治体の自由になるのか

中島 正博 著

自治体研究社

「競争の時代」の国・地方財政関係論
一般財源は自治体の自由になるのか

［目次］

序　章　本書の目的と課題……………………………………… 7

　1　「競争の時代」とは　7
　2　学位論文で検討した課題の今日的意義　8
　3　分権と集権のはざまで　12
　4　一般財源による財源保障と分権的実態　19
　5　本書の構成　27

第1章　地方財政計画と地方交付税………………………… 31

　1　地方財政計画と基準財政需要額　32
　2　地方財政計画の重点施策の推移　38
　3　地方財政計画の推移と項目別特徴　55
　小　括　68

第2章　地方財政の構造変化と計画・決算のかい離……… 71

　1　都道府県決算の類型的特徴　71
　2　都市決算の人口類型別特徴　84
　3　計画・決算のかい離　98
　小　括　107

第3章　定住政策と地方交付税……………………………… 109

　1　定住政策とその期待　110
　2　若者定住促進住宅建設の評価と課題　116
　3　定住政策の評価と課題　119

目　次

　　4　地方単独公共事業と事業費補正　*124*

　　5　定住政策先進自治体―島根県海士町の取組み　*131*

　　6　西米良村の人口減少対策の成果と課題　*138*

　　小　括　*146*

第4章　地方創生と地方交付税 ……………………………… *149*

　　1　地方（まち・ひと・しごと）創生の意味　*150*

　　2　人口減少特別対策事業費における競争の論理　*155*

　　3　まち・ひと・しごと創生事業費及び
　　　枠配分経費の全国的傾向　*164*

　　小　括　*171*

第5章　地方財政における「自由な財源」とは何か ……… *173*

　　1　地方財政のなかでの「自由な財源」の類型と
　　　金額の推計　*174*

　　2　歳出特別枠と「自由な財源」　*189*

　　小　括　*200*

終　章　「競争の時代」の国・地方財政関係 ………………… *203*

あとがき　*211*

参考文献・資料　*217*

付表　地方財政計画の推移　*222*

序　章

本書の目的と課題

1　「競争の時代」とは

　「競争の時代」の国・地方財政関係について論究する本書は、第一に、地方財政計画のもつ財源保障機能を、いわば制度面から検討すること、第二に、じっさいの自治体の財政行動を分析することを通じて、一般財源の意味を再検討することとともに、自治体にとって「自由な財源」の量的把握を行う、という2つの課題を設定している。

　「競争の時代」という表現について、いきなり結論の一端を述べることをお許しいただきたい。

　本書では、1980年代後半からの30年間の国・地方の財政関係を検討したとき、3つの時代区分を考えている。

　まず、1980年代以前の時期区分については筆者自身も今後の課題としたいが、その後からほぼ1990年代前半までを「地方分権さきがけ期」としたい。バブル経済による税収増という経済的基盤もあったが、バブル崩壊後も、1993年の国会での地方分権決議に見られるように、地方分権、少なくても中央集権の打破は国民的な合意であった。

　経済的にはバブル崩壊の一方、日米構造改革協議に伴う歳出増が求められ、政治的には自由民主党の一党独裁のほころびがみえ、さらに、世界的な「財政赤字」削減の流れの中、1990年代後半には構造改革期

を迎える。地方財政計画の伸びがとまることは、地方自治体の業務の拡大が否定されることでもある[1]。

　本書では2007年をもって「競争の時代」にはいったとするが、その根拠は、同年に地方交付税の算定方法が大きくかわったこと（いわゆる「新型交付税」）ではなく、同年に導入された「頑張る地方応援プログラム」である。また、その翌年は、リーマンショックの年であり、地方財政もふくめた未曽有の財政出動が行われた。

　後述するように、頑張る地方応援プログラムは、その名称のとおり、プロジェクトの採択を通じ、頑張る自治体を国が選択し財源保障も行うものだが、加えて、地方交付税の算定条件を、成果指標といいつつも全国平均との比率という相対的な指標を採択することによって、「頑張る自治体」の増分は「頑張らない自治体」からまかなうという競争の論理を持ち込んだのである。

　本書は、このような「競争の時代」にいたる各時期の国・地方財政関係を、地方財政計画や地方交付税の制度から検討するものである。

2　学位論文で検討した課題の今日的意義

　さて、本書の問題意識は、2007年に中央大学大学院経済学研究科に提出した学位論文「1990年代地方財政における、地方交付税・地方財政計画の財源保障機能に関する研究」をひきつぐものである[2]。

---

1)　この時期に、地方財政計画はナショナル・ミニマム保障のための論理であり、その地域その地域でナショナル・ミニマムを超える行政需要があり、その対応を選択するのであれば、後に森林環境税でみるような超過課税でもって対応すべきであって、そうした選択そのものが地方分権である、という論理は少なかった。

2)　以下、本書では、単に地方交付税という場合、普通交付税のことを指す。地方交付税制度には、ほかに特別交付税があり、地方交付税総額の6％（近年では約1兆円）が配当され地方財政にとって無視できない比重があること、とくに小規模な自治体において特別交付税が貴重な「一般財源」として機能していること（平岡・森

序章　本書の目的と課題

　当時の、そして今日でも持ち続けている問題意識は、地方財政計画について分析することによって今日の日本の国・地方財政関係における財源保障システムを検討することができるということである。日本の地方行財政システムは中央集権型であるとされ、それを地方分権型に変化させることが求められているもとで、極端に二分化して考えるなら、集権と地方分権の二方向のどちらに位置づけることができるだろうか、ということである。これが学位論文の第一の課題であった。

　加えて、学位論文の問題意識は、一般財源の意味を再確認することであった。地方自治体が「自由」にできる財源の多寡が自治体にとっての「自由度」を決める、したがって、分権の度合いを決めるという問題意識は引き続きもっている。この「自由度」について検討することを学位論文の第二の課題とした。

　第一の課題は、地方交付税と地方財政計画のもつ財源保障機能を、単独事業を中心に分析することで明らかになる。90年代において広まった単独事業は、80年代の行政改革の時代に国庫支出金の削減をめざし補助事業を単独事業に移し替える（いわゆる「補助金の交付税化」）などの、中央集権、したがって自治体の裁量度合が弱いものであったのかどうか、それとも、従来から単独事業として行われてきた先進事例を横展開するものであったり、国民生活の福祉向上のための必要だがその実施主体は地方自治体であることが望ましい、という地方分権の流れにのったりしたものであるかどうかを検討した。

　ここから得られた知見は、90年代前半には、従来から単独事業として取り組まれてきた地域政策の先進例の全国的展開をふくめ、定住政策、地域振興対策などの新しい分野で地方自治体の役割が重視されたことである。加えて、この時期には、保健師配置や高齢者福祉サービ

【2005】）、特別交付税が総務省等の裁量にあること（湯之上【2005】）、などの論点も多い。

9

スの拡充、公共事業推進などをはじめ、従来なら補助事業であったような事業ではあるが自治体での決定と実施がふさわしい事業も重視された。いわば地方分権が目指されていたということである。

地方財政計画においても、90年代当初には、先進事例の普及や自治体での実施が求められる事業が重視され、財源保障もされてきた。分権的実態が広がる可能性をもつものといえる。しかし、90年代中葉には、自治体での実施が求められるべきものであるとはいえ福祉や公共事業の継続が求められ、90年代後半に入ると、景気対策目的の公共事業などは期待されるものの、分権的実態の可能性をもつ地域政策などの事業は相対的に後退し、分権的実態を広げる芽は小さくなった。1990年代においても、「集権化と分権化の相克」が継続しており、前半は分権化がすすみ、後半が分権化の動きが停滞したと結論付けられる。これが学位論文の第一の結論であった。

学位論文の第二の課題は、地方財政計画を通じて、一般財源である地方税と地方交付税によって財源保障された結果、じっさいに地方自治体の財政行動にどのような影響を与えたのかについて検討することであった。

ここから得られた知見は、地方自治体は、大きな傾向としては、地方財政計画に盛り込まれた行政水準を実現しようとする財政行動をとったことである。たしかに、大都市圏域の都府県がバブル期の税収増を背景に公共事業を旺盛に展開したことや、福祉サービスにおいて在宅か施設かというレベルでの施策の重点のおき方も自治体によって異なっていることなどの傾向が見られる。住民の選好や合意に基づいて、自治体ごとに異なる施策を、同じ施策でも重点の置き方をかえて実施することは地方自治らしいあり方である。

しかし一方、90年代後半の財政制約期には、人口の多い町村や都市など市町村のいくつかで、地方財政計画では保障されたはずの高齢者

序章　本書の目的と課題

保健福祉計画等のソフト事業の充実が相対的に遅れたこと、必要とされる保健師増員を満たすことができなかった自治体もあるなど、おそらく計画を下回ってかい離していた自治体の傾向を変化させるまでにはいたらなかった。これは、地方財政計画での、十分な一般財源の保障がなかったこととともに、自治体では、行政改革や公共事業を実施しなかったりするなど事業の取捨選択を行うことで一般財源の確保を行ったためである。したがって、一般財源の保障といっても、その量が十分でなければ自治体の裁量は必ずしも働かないのである。このことが、学位論文の第二の結論・知見であった。

　第一の課題と第二の課題を検討したことから得られた学位論文の第三の知見は、90年代前半と後半で、地方行財政をめぐる状況に大きな違いが見られたことである。90年代前半には地方自治体の要望をうけた「国土の均衡ある発展」という政策背景のもと、地域政策の先進例の全国的展開のために、財政力の低い自治体や小規模人口の自治体に対して地方交付税の手厚い配分を目指そうとし、じっさいに地域づくり経費という名目で「自治体割」の地方交付税の配分が行われた。90年代前半は、大都市圏の自治体ではバブル期の税収増もあった。このような一般財源があったればこそ、公共投資を含む裁量性の大きい自治体行政が可能になり、産業振興と地域住民の福祉の向上をふくむ地域政策の総合的展開を行う先進例もでてきたものと思われる。

　1990年代前半の日本地方自治システムは、税収増と地方交付税という一般財源を財源にして自治体の創意工夫ある単独事業の展開が見られ、集権制のもとではあるが、分権的実態と分権化へのポテンシャリティを広げる可能性をもっていた。しかし、その芽は、90年代後半には、税収の伸び悩みや公債費圧力、高齢化社会対応など実需を反映して固定化しやすい経費の行政を、一般財源でもって引き続き進めなければならないもとで、小さくなっていった。分権的実態は、一般財源

11

のなかで自治体の裁量を発揮しうる量的余裕によって強まるというのが、学位論文の第三の結論であり、地方税や地方交付税という、教科書的には一般財源とされ使途が自由であるはずの財源でもって財源保障されてきたことに、日本の地方行政の分権的実態が左右されてきたのであった。

　学位論文をまとめて以降、地方交付税による財源保障機能が抑制される傾向は、その後の三位一体改革以降も続いた。平成の市町村合併もあり、地方自治体における分権的実態は進まない状態であったといえよう。しかし、その後、リーマンショック後の経済対策と歳出特別枠の設定を通じ、さらに政権交代を経験し、地方交付税の縮小傾向に見直しが進められたように思われた。

　このようななかで、「集権化と分権化の相克」は、21世紀に入って以降、どのような様相を見せているのか。地方財政計画や一般財源の財源保障機能を検討することは今日でもなお価値をもつと考えられる。

3　分権と集権のはざまで

　そこで、本書では、学位論文と同様2つの課題を設定した。1点目は、地方財政計画のもつ財源保障機能を、いわば制度面から検討することである。そして2点目は、次の4節で述べることになるが、じっさいの自治体の財政行動を分析することを通じて、一般財源の意味を再検討することとともに、自治体にとって「自由な財源」の量的把握を行うことである。

　まず、本節では財源保障機能について見てみよう。

　日本の地方自治体は、国民の生活部面のほぼすべてにわたって行政として関与している。しかも、GDPにおける国・地方あわせての政府の比重が国際的に見て相対的に小さいなかで、「大きな地方政府・自治

序章　本書の目的と課題

表序 - 1　地方財政の主な歳入の割合の推移（地方財政計画ベース）

(単位：%、億円)

項　　　目	1985 年度	1990 年度	1995 年度	2000 年度	2005 年度	2010 年度	2015 年度
地　方　税	44.6	45.9	40.9	39.4	38.9	39.6	44.0
地方交付税	18.7	20.5	19.6	25.1	22.0	21.0	19.6
国庫支出金	20.2	15.3	15.5	14.7	13.4	14.1	15.3
地　方　債	7.8	8.4	13.7	12.5	13.6	16.0	11.1
歳入合計	505,271	671,402	825,093	889,300	837,687	821,268	852,710

出所：『地方財政計画』各年度版から作成。

体」となっている。日本の地方自治体は、社会保障分野をはじめ所得
再分配政策にかかわり、さまざまな社会サービスを供給することで資
源の効率的な配分に資し、さらに、特に基礎自治体においても公共投
資を行っているということから経済成長政策にも地方自治体の与える
影響は大きなものがあるとともに、「農村部」に重点的に公共事業が配
分されてきたという再分配効果もあったとされてきたところである。

　こうした「大きな地方政府・自治体」は、住民・企業による租税負
担のみではなく、国庫補助金や地方交付税などの国からの移転財源に
よっても支えられている。

　表序 - 1 は、1985 年度以降 5 年おきに、地方財政計画ベースでみた
主要歳入の構成比の推移である。80 年代の国庫補助金改革の流れの中、
国庫支出金は大きく構成比を減じていた。地方交付税と国庫支出金の
合計でみると、その構成比は 35〜40% 程度をしめ、地方税と匹敵する
大きさになっている。国から地方への大きな財政移転が行われている
のである。

　80 年代中葉以降、臨調路線のもと、国庫補助金の整理合理化が行わ
れたが、行政サービスとして依然必要なことから、その財源を、補助
金から地方交付税に付け替えることによって行われた（「補助金の交付
税化」）。85 年から 90 年にかけ、国庫支出金は約 5 ポイント構成比を

13

下げている一方、地方交付税は約2ポイント構成比を高めている。

90年代は地方自治体の単独事業が広がった。89年のゴールドプランを嚆矢として、90年代に入ると、90年の福祉関係八法改正による地域福祉行政の拡充、93年の保健所法改正と地域保健法制定など、とくに対人サービス部門での市町村への事務移譲が行われた。また、地域開発、地域振興分野でも、東京一極集中とその是正としての「国土の均衡ある発展」を柱に、四全総（第四次全国総合開発計画）やリゾート法（総合保養地域整備法）などが制定され、これにもとづく地域開発政策が推進された。90年代中葉の経済対策のもとで、単独事業を中心に公共事業による景気対策も実施された。[3]

投資的経費以外の単独事業が進むことは、同時に、自治体の一般財源が増えていることを意味している。**表序-1**を見ると、従来は60%程度以下だった一般財源（ここでは地方税と地方交付税の合計）は、90年代は、65%程度に増えている。95年には公共事業拡大のための地方債も大きいが、90年代を通じて、地方交付税の比重が大きくなっているのである。

21世紀初頭の三位一体改革は、税源移譲により国庫支出金等が地方税に転換するとともに、地方交付税の縮減が行われた。地方交付税の構成比は35%程度となり、地方財政全体の縮小傾向のなかで地方税がバブル期に近い構成比にまで上昇している。地方債については、21世紀にはいる頃からは、公共事業は減じているが、臨時財政対策債の増嵩によるもので高い構成比を維持している。

その後は、2005年を底にして、国庫支出金がその構成比を高めてく

---

3) 公共事業については、政治学分野からの研究がある。たとえば、北山【2002】では、1984年以降の公共事業の単独事業の拡大傾向を自治省の権限を守るためと分析したうえで、97年からの落ち込みについて、自治体にとっては、元利償還金が交付税措置されるとしても「結局は自らの借金であることに、そして自らの一般財源も減少していくことに気づ」（17頁）いたからとしている。

序章　本書の目的と課題

る。歳出特別枠と今日では地方創生関連になるが、この間創設された
さまざまな交付金事業の影響である。歳入面だけからみると、集権化
の傾向にあるということもできる。

　一方で、三位一体改革において決定した税源移譲が 2007 年度から本
格実施され、消費税・地方消費税の税率アップ（合計 5%→8%）もあ
り、地方税収の構成比は上昇している（地方交付税の構成比は減少傾
向にあるので一般財源の比率はかわらない）。となると、地方税収の格
差が地方財政の格差につながることになる。そのため地方法人特別税[4]
や地方法人税[5]の導入が行われ、また、税源移譲による税収増部分を基
準財政収入額に全額算定することで、税源の格差を小さくする制度改
正がなされてきた。

　これまで、地方交付税の機能については、財源調整機能と財源保障
機能とがあるとされている。とりわけ、財源保障機能は、まず、**表序
−2** のように地方財政計画で見積もられた地方自治体の歳出を担保す
る財源を保障するものである[6]。90 年代を通じて 20% 程度だった一般
行政経費は 21 世紀に入って以降増嵩を続けている。第 1 章で見るよう
に一般行政経費とは、性質別歳出で見るところの扶助費、補助費等な
どであり、少子高齢化のもとで大きくなった地方自治体の行政を財政
的に支える経費である。

　地方財政計画で総額が確保されるとともに、地方自治体レベルで必
要な行政水準を実現するための財源保障も必要である（ミクロベース

---

4)　2008 年 10 月から導入された国税。道府県税である法人事業税の一部を国税とし
　　て都道府県が徴収し、人口・従業員数に応じて都道府県に再分配するもの。2019 年
　　10 月の消費税・地方消費税合計 10% への増税に際して廃止される。
5)　2014 年 10 月以降、道府県民税（法人税割）の一部を国税とし、全額を地方交付
　　税として配分する仕組み。
6)　地方財政計画で地方交付税総額が確定し、そのため交付税財源が国税の一定率と
　　してマクロベースで保障されていることを、マクロベースの財源保障機能というこ
　　ともある。

表序 - 2　地方財政の主な歳出の割合の推移（地方財政計画ベース）

（単位：％、億円）

項　目	1985 年度	1990 年度	1995 年度	2000 年度	2005 年度	2010 年度	2015 年度
給 与 関 係 費	29.6	27.3	27.5	26.6	27.1	26.4	23.8
一 般 行 政 経 費	20.9	19.2	20.4	22.2	27.6	35.8	41.1
投 資 的 経 費	32.9	31.8	36.8	32.0	23.5	14.5	12.9
公 　 債 　 費	11.2	8.8	9.3	13.6	16.0	16.3	15.2
歳 出 合 計	505,271	671,402	825,093	889,300	837,687	821,268	852,710

注：主な項目のほかに、維持補修費、公営企業繰出金、不交付団体の水準超経費、計上されない
　　年度も多いが、その年度限りの特別枠などがある。
出所：『地方財政計画』各年度版から作成。

の財源保障機能と呼ばれることもある）。第１章で述べることになるが、地方自治体レベルの標準的な行政水準は地方財政計画における行政内容の設定によって定まる。この意味で、地方交付税の財源保障機能と地方財政計画の財源保障機能とは一体不可分だということもできる。

　こうした考えにたてば、地方自治体の行政を支える一般行政経費を地方財政計画が保障してきており、補助事業も含むとはいえ分権化を進める方向であると位置づけることもできる。

　もっとも地方財政計画を立案するのは国であり、中央集権としての側面も引き続き残る。とはいえ、事務事業の性質に応じて、この事業は地方自治体が行うことがふさわしく、国庫支出金を含め適当な財源をつけて実施をまかせると判断することまでを、中央集権であると表現するのはふさわしくないだろう。

　地方交付税の機能と改革案について先行研究は、政策課題となった三位一体改革の時期にとりわけ多い。[7]しかし財源保障機能や地方財

---

7)　西森【2005】では、地方交付税について「現行制度を生かした改革案」と「現行
　の交付税を廃止して新たな財政調整の仕組みを提言する抜本的な改革案」にわけて
　整理している。また黒田【2005】では、「マクロの財源保障機能の維持・拡充←→縮
　小・廃止」、「ミクロの財源保障機能の維持・拡充←→縮小・廃止」の２軸のマトリッ
　クスで４類型に分けて整理し、総務省官僚としての反論を行っている。さらに、黒

序章　本書の目的と課題

政計画との関連で論及したものはあまり多くはなかった。現行制度上、地方交付税の根拠である基準財政需要額は地方財政計画から派生するものであるから、この両者の関連とともに、地方自治体がどのような事業を実施することが期待されたのかを検討しなければならない。

　三位一体改革の議論における交付税改革論議の中で、地方財政計画で財源保障する事務を限定するという、「地方財政計画二分論」ともいうべき議論があった。赤井ら【2003】は、現行の地方交付税制度について理論的検討を行い、第一に価格効果があり資源配分が非効率であること、第二にホールドアップ効果として地域活性化への努力をおこなわず生産が非効率になること、第三にソフトな予算制約問題として地方自治体の非効率な運営が事後的に救済されること、という三つの非効率性があることを示している。そのうえで、制度改革については、地方交付税と国庫支出金を「ブロック補助金」と「水平的財政移転」に分け、前者の用途を、ナショナル・ミニマムを保障する「基礎サービス」に限定することで国の事後的裁量を少なくすること、後者は地域間財政力格差の是正目的とすることなどを提案している。また、持田【2004】でも、「対人サービスのようなナショナル・スタンダードが明確なものと、投資的経費のような『国土の均衡ある発展』のための計画歳出を峻別すべきである。前者については国が真に必要な分野に限定する」としている。

　このような「地方財政計画二分論」に対し、金澤【2004】は、「福祉国家財政として地方交付税制度が不可欠であるならば、地方交付税の機能を認めながら地方交付税を改革していくことが必要である」と批

田【2007】では、「数値目標による交付税削減案」「財源保障機能廃止論」「ナショナルミニマムへの限定論」「地方財政計画二分論」「算定の簡素化」「水平的財政調整」の6点について整理している。

8)　持田【2004】210頁。

9)　金澤【2004】7頁。ここでの交付税制度の改革とは事業費補正などについての

17

判している。また、小西【2007】は、地方交付税の問題点の指摘に対して、「地方財政計画のレジティマシー（正当性）がある限り、地方交付税制度の批判はあたらない[10]」と反批判している。しかし、これらは、「福祉国家財政として地方交付税制度が不可欠であるならば」、「地方財政計画のレジティマシー（正当性）がある限り」という仮定をおいた議論であって、地方財政計画そのものの正当性を明らかにしたものとはいいがたく、「地方財政計画二分論」に対抗するものとなっていない。

そのような中で、金目【2007】は、地方交付税の財源保障機能について、基準財政需要額の変化を項目別、経年的に分析し、90年代の公共事業積み増しと2000年以降の経常経費の縮小傾向、なかんずく給与費の圧縮という操作があったことを説明している。都道府県の分析に限られているとはいえ貴重な研究となっている。本書でいう構造改革期において、分権化の方向に歯止めがかかり、職員人件費までもが削減の対象となったわけである。

国・地方自治体の行政について、何が基礎サービスであり、どのような形で財政負担すべきかを検討することは、大いに意味があることである。その場合、ナショナル・ミニマムもしくはナショナル・スタンダードであるなら、国が直轄事業として行ってもいいはずである[11]。

改革であろう。なお、金澤【1997】においては、「ナショナル・ミニマムが概ね達成された」とした1996年3月の地方分権推進委員会中間報告を、ナショナル・ミニマムは「いったん達成されても維持していく必要があ」り、「日本の現実では"選択と負担"によるシステムが公共サービスの最適配分をもたらす保障がない」として批判していた（49〜51頁）。

10) 小西【2007】164頁。正当性を回復するためには地方財政計画総額の収支均衡をはかることが必要であるとし、そのためには地方税の増税も地方自治体側から提起すべきと提言している。なお、かつて小西【2002】では、地方交付税の政策メニューを必修科目（ナショナル・ミニマムが想定されているのであろう）と選択科目に切り分ける「地方財政計画二分論」を提案していた。

11) 2000年の地方分権改革において、国民年金事務などが、機関委任事務から国の事務となった。

序章　本書の目的と課題

　したがって、財源保障機能の制度そのものを確認するとともに、財源保障機能をつかって保障された地方自治体の事業の内容を検討することが必要なのであり、このことは不断に検討されなければならない。

4　一般財源による財源保障と分権的実態

　本書のもう一つの課題は、じっさいの自治体の財政行動を分析することを通じて、地方財計画で財源保障された一般財源の意味を考えることとともに、自治体にとって「自由な財源」の量的把握を行うことである。

　これは、一般財源保障システムとしての制度的な検討を行う第一の課題と関連しており、地方財政計画の歳入には地方税や地方交付税という一般財源が計上されている以上、自治体の財政行動は、地方財政計画での想定とは違ったものになる可能性があるからである。じっさいの地方自治体の財政行動について検討することも必要なのである。

　日本の地方自治は、国とは独立した法人格をもつ地方自治体によって運営されており、国・地方自治体の総体としては「小さな政府」でありつつも、「大きな地方政府」を形づくっている。国と地方自治体の行財政関係については、権限、財源、人間というかたちで国の強い集権のもとにあるというように、集権を前提に議論がなされてきた。そして、90年代にすすめられた地方分権改革においては、集権構造から分権構造への転換を軸に議論が進められてきた。たとえば、神野【1998】は、国庫補助金や地方債許可制度という中央集権のもとで、地方自治体が公共サービスと公共投資の大半を担っている分散システムだとして「集権型分散システム」と定義し、「分権型分散システム」への移行を構想している。[12]

---

12)　神野【1998】110頁以降、など。

19

たしかに、当時存在した機関委任事務の評価という行政論からも、起債許可制度や国庫補助金という財政論からも集権構造が見られることは論をまたない。ところが、集権構造を重視するあまり、地方自治という分権の実態について評価を加えることが少なかったように思われる。

　かつて、丸山【1989】は、日本の国・地方の財政関係を、「分権的実態と分権化へのポテンシャリティの高い柔構造的集権制」と定義[13]した。丸山は、機関委任事務や行政指導など監護関係は強く、教育や福祉のみでなく公共事業も含めた縦割りの補助金システムがあるという制度的には集権化が強い構造となっていることを、定性的特質（基本システムと個別システムに分けられる）と定量的特質に分けて説明している。基本システムとしては、国の法律である地方税法にもとづいて地方税条例がつくられ課税されていること、地方自治体の負担を伴う法令・予算についての自治大臣の意見を求めること、地方財政計画によって自治体の財政運営が統制されていること（歳入面では高校の使用料といった微細な点についてまで調整されており、歳出面では、各種施策で地方負担を伴うものは、地方財政計画に採用されることでオーソライズされていること）によって、国家財政と地方財政が完全といっていいほどの体系的な連動システムに組み込まれているとされている。個別システムとしては、行政指導などの監護的関係、法定外普通税や起債の許可などの調整的関係、さらに国庫支出金の配分などの誘導的関係という特徴があるとしている。さらに定量的特質としては、国と地方の歳出割合がハーモニーをもって変動していること、同一の事務を機能分担していること、地方自治体の一般財源がほぼ50％台で安定していること、財政調整が機能し国内全土における一定水準

13）　丸山【1989】23頁。歳出面での定量的特質については丸山【1987】、定性的特質については丸山【1986】も参照。

以上の行政を保障していることをあげている。

　このような集権制が認められる一方、地方自治体の処理する事務の範囲が広いこと、地方交付税による財政調整制度があることで行政の均質化がはかられたため住民は自治体による地域政策の拡大深化を求めること、明治以来100年の地方自治行政の実績があること、住民の行動力とともに地方自治体の能力向上があることから、集権の実質的内容は権力的ではなく誘導的であり、これをもって丸山は、「分権的実態と分権化へのポテンシャリティが高い」と定義したのである。全体として集権構造を認めつつも、地方自治という分権的実態を評価しようとしたものと思われる。

　重森【1992】も、丸山をひいて、「制度的には集権化の強い構造となっているが、その集権性の内実は部分的かつゆるやかで、制度的（権力的）集権と誘導的（非権力的）集権とが巧みに組み合わされており、制度的集権は例外的で誘導的集権のウェイトが高い」[14]としている。中央集権的土建国家構造ないし成長型集権構造を変革し、分権と住民自治を基盤としつつナショナル・ミニマムを全国的財政調整システムによって保障するための「柔構造的分権」は必要であるとして、分権と参加による持続型・成熟型財政運営への転換が必要であると提言していた。

　なお、今井【1993】は、高度経済成長期の道路整備事業と、安定成長期の国民健康保険事業をとりあげ、同じ「柔構造的集権制」という言葉で、国・地方の政府間財政関係を分析した。今井は、政府間を取り結ぶ多様なルートに着目して「柔構造」と述べたうえで、国庫補助負担金のもとで補助対象事業を選択するのも地方譲与税や地方交付税の制度設計を行うのも中央政府であり、「多様なルートをさまざまな形で組み合わせて、中央が用いている」ことを「柔構造的集権制」とし

---

14)　重森【1992】235頁。

ている。今井はあくまで、集権制を強調しているのであって、丸山と同様の地方自治という「柔構造」性を主張しているものではない。

いったい、日本の国・地方行財政システムは分権型なものだろうか。行政学の先行研究では、国の集権構造と地方自治の拡充（分権）という「集権－分権」軸のみではなく、事務執行をどの行政主体が実施するかという観点から、ある特定の地域内部において国と地方がそれぞれ明確に区分された事務を執行する「分離」と、その地域内では中央政府の事務とされるものも地方政府に委任して行う「融合」という「分離－融合」軸をあわせての、両軸のマトリックスでの分析が行われている。

この点での財政学の研究は、あまり多くはない。持田【2004】は、日本の国・地方関係を、連邦財政主義的な「分離」型と異なり混在している「統合型」としたうえで、ヨーロッパ諸国のように大綱的な誘導を行う「立法統制統合」型ではなく、起債や法定外税の許可などの"ハード"な手段から、人事や「行政指導」などの"ソフト"な手段までさまざまなルートを通じて監視・統制している「行政統制型の統合モデル」と定義している。

さて、地方分権改革の議論のなかで、「歳入の自治」という概念も議

---

15) 今井【1993】191頁。多様なルートを重視することから、1989年の消費税の導入にともなう消費譲与税の登場と交付税の原資にたばこ税が加わることを「柔構造的集権制のいっそうの強化」（192頁）と述べている。

16) 天川【1983】、【1986】参照。一国の制度において中央（連邦）政府と地方政府の事務分担が明瞭に区分されているアメリカやイギリスなどが「分離」型であり、日本や大陸ヨーロッパのシステムは「融合」型であるという単純な分類ではないことに注意が必要である。地方分権推進法や地方自治法において「地域における行政を自主的かつ総合的に実施する」とされている「総合性」については、自治体担当者レベルの想定する「総合性」（自主性）とは異なり、総務省の思いは「融合」型を指向しているという見解もある（金井【2007】14～15頁）。

17) 持田【2004】第1章。もちろん持田は「行政統制」を地方分権と相容れないものとしている。

序章　本書の目的と課題

論されていた。「地方に税源を」とする地方税の拡充を求める考え方、いわゆる自主財源主義と、地方税の拡充のみではなく「地方交付税によって補完される財政システムを重視する立場[18]」としての一般財源主義の考え方がある。

　しかし、標準的な地方税収入は地方財政計画の歳入として計上されており、留保財源や交付団体の水準超経費部分もふくめ地方税収に対応する歳出経費が想定されているのである。この意味では、自主財源主義だからといって直ちに地方分権だということはできない。また、地方の経済格差、税源の偏在を前提にするなら、地方税の拡充は、格差をいっそうひろげるものとなるだろうことから、一般財源主義のもとで地方分権を進めるべきだと考えられる。

　地方財政計画の水準を地方自治体が実施するための財源は、地方税への税源移譲が抜本的に行われず、「制限」[19]もされているもとで、地方交付税もつかって保障されてきた[20]。その意味では、地方税であれ地方交付税であれ、一般財源といえども使途が決まっているともいえる

18)　金澤【2004】7頁。金澤は、両税委譲運動の経験から、地方税源の委譲と地方交付税の整備は二者択一ではないと述べている。

19)　地方税法で制限税率が設けられている税目があることにくわえ、法定外税については国との協議の対象であること、運用においても個人住民税（所得割）についての超過課税は財政再建下の夕張市をのぞいて存在しないことや固定資産税も多くの自治体で標準税率であるなど税率決定権が発揮されていない。川瀬【2007】第1章、第2章なども参照。ただし、森林環境保全のためにとして、道府県民税の均等割において超過課税を実施する府県があったが、2018年の税制改革で森林環境税（国税）が導入されることとなった。

20)　北村【1999】は、行政学の立場から、かつて地方自治体の業務の多くが機関委任事務であったこと、地方課税権が制約されていたもとでは、「国として地方歳出を単純に削減してほしいと要求することは国の政策の自己否定につながり不可能であ」（14頁）ったとしたうえで、「地方支出削減に追い込まれて地方の供給するサーヴィスが質的にも量的にも低下することはなかったという点で、地方税財政制度によって、活動範囲、量ともに大きい日本の地方自治は確かに財源的に保障されてきた」（39頁）と、80年代以降地方歳出の削減がみられたイギリスと対比して、日本の地方税財政制度そのものが地方自治体側に有利なルールであったと結論づけている。

23

（第5章で検討するが、超過課税や留保財源などは自由に決めることができるものの、その金額はそう大きくはない）。

　これについて、井堀ら【2006a】は、ナショナル・ミニマムを超える行政サービスは住民が自主的な選択をした結果であり、住民の負担でもってまかなわれることを前提にして、基準財政需要額算定の実態について、「国の義務付け」があるかどうか検討した。義務付けとは、国庫負担金が支出されている事業と警察職員など単独事業でも人員配置が定められているものと定義した上で、義務付けのある経費は、道府県で24.2％、市町村で18.6％になるという。つづいて、社会資本整備重点計画など国の指導や要請があるものなどが、広い意味での国の義務付けだとし、それは、道府県で52.5％、市町村で43.5％になるという。[21] 義務付けの程度については議論があるものの、一般財源といっても、そのすべてを自治体が自由に使えるものではないことを示した点では有意義である。

　したがって、地方税や地方交付税は一般財源であるといってもその使途が事実上決まっている部分が大きく、どの程度自治体の裁量が発揮されているかの検討が必要なのである。これが、本書の第二の課題であり、近年の財政制度等審議会での議論を踏まえると今日的にも大きな意味がある。

　たとえば、財政制度等審議会「平成31年度予算案の編成等に関す

---

21)　井堀ら【2006b】では分析を精査し、真に法的に義務付けのある業務に係る部分が、道府県で32.44％、市町村で18.82％、事実上義務付けに近い性格を有する部分とあわせると、道府県で46.19％、市町村で29.70％になるとしている。

　　また、御船【2007】でも同様に国庫補助金を基準に議論を展開し、ナショナル・ミニマムに相当する部分は2〜5割程度だとしている。それは「国が地方にぜひ提供させたい公共サービスがある場合、そのサービス提供に国庫補助負担金を付けるであろう」（152頁）ことが前提とされている。しかし、拙稿【2006b】で検討したように、保健行政を拡充するための保健師増員の財源は、国庫補助金ではなく地方交付税なのである。

序章　本書の目的と課題

る建議」[22]において、「地方交付税の総額及び臨時財政対策債の新規発行額が縮減してきた背景としては、税収が伸びる中で各地方公共団体が概して堅実な財政運営に努めてきたことが挙げられる」としつつも、①地方税収の上振れ（地方財政計画より決算が上回ること）、歳出の下振れ（地方財政計画より歳出が下回ること）が精算されない制度になっていること、②国庫補助事業や追加財政需要の不用額も精算されないこと、③内訳や積算が明らかではない「枠計上経費」が存在することをあげたうえで、「基金を取り崩しながら何とかやりくりしているといった財政状況にはなっていない」から「計画における歳出の計上額が真に必要な財源保障の水準となっているかの検証が求められる」としている。

　この事由のうち①や②について見れば複数年度間の財源調整を行う地方財政計画とする制度改革であり[23]、一般財源とは何かの意味との関連では③について検討すべきであろう。

　たとえば、少子化の状況、保護者の就業状況、三世代同居をしているかどうかは地域によって異なるのが常態であろうから、少子化対策、子ども・子育て支援施策も地域によって異なることは当然である。このように地域において異なる財政需要を中央政府において財源保障する仕組みを考える際、国庫支出金の対象にすることも可能であろう。しかし、補助要綱が複雑になり、完了検査や監査のコストも膨大になっていくだろう。そもそも、定額なのか定率なのかはともかく特定補助金と一般補助金を比べた時に、通常は一般補助金の方が効用が高く、国・地方関係においては、中央政府が制度設計するより、住民に近い地方自治体で実施するほうが効率的であるとして、地方分権が進めら

---

22)　https://www.mof.go.jp/about_mof/councils/fiscal_system_council/sub-of_fiscal_system/report/zaiseia301120/04.pdf
23)　地方自治法第 208 条第 2 項（会計年度独立の原則）は当面は考慮しない。

25

れてきたわけである。

　1990 年代の地方分権改革において、歳入問題、国から地方への財源移転問題は、議論が収束せず、「未完の分権改革」と呼ばれた。その後の三位一体改革においては、地方分権をすすめる方向での議論より、国の財政再建が優先され、地方交付税総額の縮小をもたらし、とりわけ財政力の弱い地方自治体の財政を圧迫した（本書でいう、「構造改革期」）。

　本書では、その後、構造改革期の反省をへて、その復元が目指されたと考えている。少子高齢社会の一層の進展のもと、地方自治体の行うべき行政は拡大したが、その水準を保障する財源保障機能については、まだまだ検討すべき課題となっている。地方分権を進めるという観点からは、ある程度は割り切った大づかみの配分が求められるし、地方自治の視点から見れば、教科書的な意味としての一般財源ではなく、「自由な財源」が多ければ地方分権だろうと考えられるところである。

　この点に関して星野【2013】は、この間の歳出の特徴について、「少子高齢化等を背景に、地方公共団体の標準的な行政サービスの内容が投資的経費から対人社会サービスへと変化している」（186 頁）としつつも、本書でいう「競争の時代」において、歳出特別枠による基準財政需要額の増加と臨時財政対策債の配分がとりわけ条件不利地域に有利に働いたことを「（地方交付税）総額が伸び悩む中で、財政需要を配分するという補正係数の役割重視の考え方への変化といえよう」（212 頁）と評価している。

　地方交付税には財源保障機能と財政調整機能とがあるとされるが、財源保障のレベルと無縁のところで財政調整がされたとして、そのこと自体が、地方財政計画や地方交付税を通じた財源保障システムの大改編である。しかも後述するように、「頑張った自治体」と「頑張ら

なかった自治体」として国から判断され、交付税の配分に差がつくという集権制が強まったということができる。総額が増えたこと、再分配的な機能が復活したことを、集権と分権の軸で評価しなければならない。

5 本書の構成

　本書は、地方財政計画について検討することによって今日の日本の国・地方財政関係における財源保障システムを整理することとともに、一般財源の意味を再確認し、一般財源といえども必ずしも地方自治体の「自由」になる財源ではないことから「自由な財源」について量的に把握することを課題としている。

　日本の地方行財政システムは、これまで各種法令や機関委任事務、国によって立案される各種計画によって、また財政的には地方財政計画や地方債許可、国庫補助事業によって集権的に形づくられてきた。一方、国とは異なる独立した法人格である地方自治体によって担われてきており、地方税や地方交付税という一般財源が一定の比重をしめていることから、決定権限の自主性を発揮しやすいものでもあった。その意味で、「集権制のもとで、分権的実態と分権化へのポテンシャリティの相克」がある。

　本書の第一の課題は、地方財政計画の内容を経年的に、行政分野別に確認することで、日本の国・地方関係の財源保障システムについて整理することである。第1章で見るように、地方財政計画には、地方自治体が国からの補助金なしに実施する単独事業すら計上されているのである。単独事業とはいっても、その事業内容が、国からの一方的な押し付けであったり、補助事業を単独事業に移し替えたりするなどの中央集権的な意味合いが強いのか、それとも、従来から単独事業と

して行われてきた先進事例を全国的に普及しようとしたとか、この事務事業は国民生活の福祉向上のための必要であり、その立案や実施の主体であり決定権限をもつのは地方自治体であることが望ましいという地方分権を前提とした制度であるかを検討する。そのうえで、人口減少局面にはいりますます重要性をます地域振興や地方創生という行政分野において一般財源の財源保障システムを検討する（第3章、第4章）。

第二の課題は、じっさいの自治体の歳出行動について分析することによって、一般財源で財源保障された意味を考えることである。地方財政計画を実現するための十全な財源保障といっても、地方税や地方交付税という一般財源で財源保障された結果、じっさいの自治体での歳出行動が国の期待とは異なる可能性がある。そこで、マクロベースで地方財政計画との関係を明らかにする必要がある。第2章では、個々の自治体での歳出行動をケーススタディするものではなく、統計資料を用いて、地方自治体全体の、もしくは類型別の傾向の分析を行う。第3章では小規模町村の行う地域振興の事例を、第4章では2015年以降の地方創生をめぐる財源保障について検討する。

この第二の課題は、第一の課題と関連している。自治体の裁量が大きいことが分権的実態をあらわしているとはいっても、それは地方財政計画において一般財源でもって財源保障されたからであるとともに、地方財政計画に計上された事業内容そのものに自治体の裁量がある程度織り込まれているからである。むしろ、地方財政計画のなかにあらかじめ自治体の裁量に任せる部分が盛り込まれていることが考えられる。第5章では、自治体にとって使途が自由である「自由な財源」について、留保財源などについて制度的な検討をするとともに、「競争の時代」における地方交付税の算定について検討する。

このような2つの課題を検討する本書の構成は以下のようである。

序章　本書の目的と課題

　第1章「地方財政計画と地方交付税」では、1990年代前半の地方財政計画の拡大とその政策的背景とともに、90年代中葉以降の地方財政計画の変化を分析する。90年代の拡大は、投資的経費と一般行政経費の拡大によるものであったが、90年代後半以降21世紀初頭にかけ、景気後退の影響もあり、地方財政は厳しい時期を迎える。それは決算・計画かい離是正として投資的経費が削減したことや、一般財源そのものが減少したことよりも、教科書的には使途を自由に決めることができるとされてきた一般財源が、地方財政計画上は使途が決められており、一般行政経費が拡大したといえども事実上使途を自由に決められてきたからである。2000年代後半以降、歳出特別枠の配分を通じて一般財源が増えた結果、地方財政はその厳しさを減じていくのである。

　第2章「地方財政の構造変化と計画・決算の乖離」では、1985年以降30年間の自治体での財政行動にどのような違いがあるのかを、結果のばらつきは自治体の裁量によるものだという視点で分析する。分析期間のスタートは85年度とし、都道府県や市町村の決算について人口規模別にグループ化し、それぞれの平均値との比率を経年的なグラフにすることで検討する。加えて、いわゆる計画・決算のかい離問題がでてくる。この背景と概要について検討する。

　第3章、第4章は事例検討である。

　第3章「定住政策と地方交付税」では、90年代に期待され拡大された単独事業としての「地域づくり・ふるさとづくり事業」を中心に地域振興政策について検討する。地域振興、「定住政策」については、依拠すべき国の法律も計画もなく、ほぼ自治体の自主性と裁量が発揮できる分野である。自治体が第一次産業を含む定住人口促進のために総合的な地域振興政策として「定住政策」を展開してきたが、その効果を、森林整備担い手基金や若者定住促進住宅建設、先進自治体の事例について、財源の仕組みとあわせて確認する。また、定住政策につい

て、島根県海士町、宮崎県西米良村の先進例からケーススタディを行う。

第4章「地方創生と地方交付税」では、地方創生政策が必要となった背景について概説するとともに、国として誘導した地方創生施策の展開をまとめる。そのうえで、地方自治体における地方創生施策推進のための財源保障の仕組みについて、「まち・ひと・しごと創生事業費」「人口減少等特別対策事業費」について検討する。とりわけ後者の配分を検討すると、人口減少に直面し地方創生政策の展開が必要な過疎・人口減自治体に厚く配分する傾向はあるものの、その傾向が弱まっていることを確認する。

第5章「地方財政における『自由な財源』とは何か」では、地方自治体がその裁量を発揮できる、真の意味での一般財源としての「自由な財源」について検討し、量的把握を行う。また、2000年代後半から「歳出特別枠」を通じて、地方財政計画や地方交付税は維持されてきた。この算定の背景について検討する。キーワードは、「頑張る自治体」「取組の成果」であり、その内実について検討を行う。

終章「『競争の時代』の国・地方財政関係」では、本書での知見を整理することとする。

第1章

地方財政計画と地方交付税

　本章の課題は、地方財政計画の制度設計の考え方を再確認し、この間の地方財政計画の流れの時期区分を検討することである。

　1990年代には、自治体行政に対して少子・高齢化社会をはじめとする課題への対応が求められ、地方分権がこれを後押しし、国から地方へ、都道府県から市町村へと事務の移譲が行われてきた。加えて、630兆円にのぼる公共投資に関する長期計画をはじめ、90年代中葉の幾多の経済対策においても、公共事業の担い手として期待されたのは、都道府県や市町村の地方自治体であった。こうして地方財政計画は膨らんできたのである。その後、90年代後半、景気後退局面のもとで税収が伸びず、公債費が増嵩するなかで、地方財政計画の水準を維持しようとしつつ、地方交付税の拡大はピークを迎える。21世紀に入ると、市町村合併の推進により合併特例債や合併算定替などの拡大要因はありつつも、三位一体改革では地方交付税の総額の削減が行われ、地方財政計画の水準の伸びが抑えられる。その後、2000年代後半、リーマンショック対応を契機に、「歳出特別枠」によって地方財政計画が再び拡大傾向になっていく。「歳出特別枠」も1兆円などといった金額が計上されるが、増額に対応する地方自治体の事務が想定されているのである。

　第1節では、地方財政計画の制度を再確認するとともに、地方交付税の算定方法との関連について触れ、地方財政計画に登載された事業が

どのように基準財政需要額に反映されているのかについて述べる。第2節では、90年代の地方財政計画の歳出歳入の特徴について見たうえで、時期区分として3つを提示する。第3節では、90年代から2010年代を中心に、地方財政計画の歳出面について、一般行政経費の項目を中心に検討する。

1　地方財政計画と基準財政需要額

　地方財政計画[1]は、毎年度当初における地方財政全体の歳入・歳出の見込み額であり、これにもとづいて地方交付税（基準財政需要額）や地方債計画が立案される。自治体において当年度の予算案、財政運営の指針となるものである[2]。個別の自治体の予算を足し合わせたものではない[3]。

　地方財政計画が、「地方財政全体としての収支の状況を明らかにし、国としてとるべき地方財政対策のよりどころとするようになったのは、昭和23年度からである[4]」とされている。その後1950年度にはじまる基準財政需要額と基準財政収入額の差額を補てんする地方財政平衡交

---

1)　地方財政計画は地方交付税法7条に根拠をもつもので、原案は総務省で作成されるとはいえ、閣議決定の上、予算と同時期に、国会に報告される。

2)　総務省官僚であった岡本【1995】は、翌年度の地方公共団体が行うべき仕事量を確定し、それに見合う財源を措置することで、地方財政計画は、自治省の作成する地方財政の予算であり、地方公共団体の財政運営の指針となっている、としている（33頁）。

　　地方財政計画を説明するものとして、1月から2月にかけての総務省の主催する都道府県総務部長等会議で「財政課長内かん」（近年では「平成〇〇年度の地方財政の見通し・予算編成上の留意事項等について」）が報告され、自治体の財政担当者はこれをもとに予算編成の詰めを行う。

3)　歳入面では超過課税、歳出面では国家公務員の給与水準を上回る給与、国庫補助事業の基準単価を上回る部分などが計上されない。また、積立金やその取崩しなど複数年度間の財政収支は、地方財政計画には計上されない。

4)　石原【2000】215-217頁。以下の引用は同書。

第1章　地方財政計画と地方交付税

付金制度のもとで、「現実には、各地方団体の財源不足額を計算し、その合算額を基礎として平衡交付金額を国の予算に計上することは、技術的にみて非常に困難であった。そこで、従来からあった地方財政計画を利用して、地方財政計画上算出される収支の不足額を地方財政平衡交付金として国の一般会計予算に計上することとされたのである」。さらに、1954年度の地方交付税制度への移行に際しても、「毎年度の地方財政計画の策定を通して地方交付税の所要額を確保した上で、地方財政計画は国会に提出されているのである」。このように、地方財政計画と地方交付税総額は密接なかかわりをもつ。

　地方財政計画は、翌年度の税収見込みと各省庁の所管する国庫補助金がほぼ確定した、12月の予算編成時の最終盤にその骨格があらわれる。地方財政計画は、人件費や公債費、補助事業・単独事業も含めた投資的経費や一般行政経費などを試算し、全体としての歳出見込みが定まる。並行して、歳入見込みとしての地方税や使用料・手数料等、自治体の事業量見込みにあわせての地方債が試算される。事業量見込にあわせての各省庁からの補助金が予算編成のなかで確定してくるので、事業費総額からそれら歳入見積もりを除くと、必要な地方交付税額が決まることになる。

　ここで毎年問題となるのは、こうして決まる地方財政計画の歳出計画をまかなうべき地方交付税（出口ベースと称されることが多い）と、2018年度予算段階の制度でいえば、国税5税の3割余（所得税、法人税について33.1％、酒税について50％、消費税22.3％、地方法人税の全額）として決まる地方交付税交付金（入口ベースと称される）が一致することがないことである。[5]

---

5)　地方財政平衡交付金制度の時代は、地方財政委員会と内閣との調整がうまくいかず、51年度予算のように「二重予算」が国会に提出された。今井【1993】30-33頁などを参照。

そのため、国の予算原案策定の最終盤に、地方財政対策と呼ばれる折衝が財務省と総務省間で行われる。この段階では地方財政計画の歳出規模がほぼ確定しているので歳出を引き下げることは容易ではなく、多くの年度で「財源不足」となる。そこで、1976年度の予算編成時以降、この「財源不足」は一般財源からの特例加算や交付税特別会計の借入金で、2001年度以降は交付税特会の借入金にかえて臨時財政対策債という起債を自治体がおこすことで、完全に補てんされるとされてきた。[6]

　このように、地方財政計画は、国による地方自治体総体の財政運営の指針であり、そのための財源は基本的にすべて、起債や交付税特会の借入金という後年度負担という側面もあるとはいえ、国から保障されてきた。その点で、中央集権の側面がある。国の想定する以上の超過的な行政サービスは地方財政計画の枠外であり、超過課税や受益者負担の増額でまかなうものとされている（それらの収入もまた地方財政計画の枠外である。受益者負担である使用料・手数料等は、1兆円程度の規模ではあるが、決算は地方財政計画の2倍程度で推移している）。自治体の裁量で行う単独事業であっても、地方財政計画には計上されている。地方財政計画として、国が総体としての地方財政運営の方向性を示し、それに十全な財源を保障するという制度設計がなされているのである。

---

6)　地方交付税法第6条の2第3項によれば、交付税率を上げることで「財源不足」を埋めることとなっている。交付税特別会計の借入金にかかる措置や、事務移譲にかかる国庫補助金の代替措置のための国の一般財源による加算は継続されている。
　　また、地方財政対策が行われ始めた1970年代は、国の財政が危機であった時期でもあり、なぜに巨額の地方財源の不足が補てんされえたのかについては、地方財政計画や地方財政対策のルールそのものが総務省に有利であるとする北村【1999】による政治学からの論及がある。また、総務省側担当者であった矢野【2005】は、高度成長の終焉のなかで、公害問題への対応、老人医療費の増大に伴う福祉政策の見直しなど、生活優先、福祉優先の時代になったことにともなう地方行政需要増とともに、内需拡大という国家的要請に地方財政が協力を求められたためとしている。

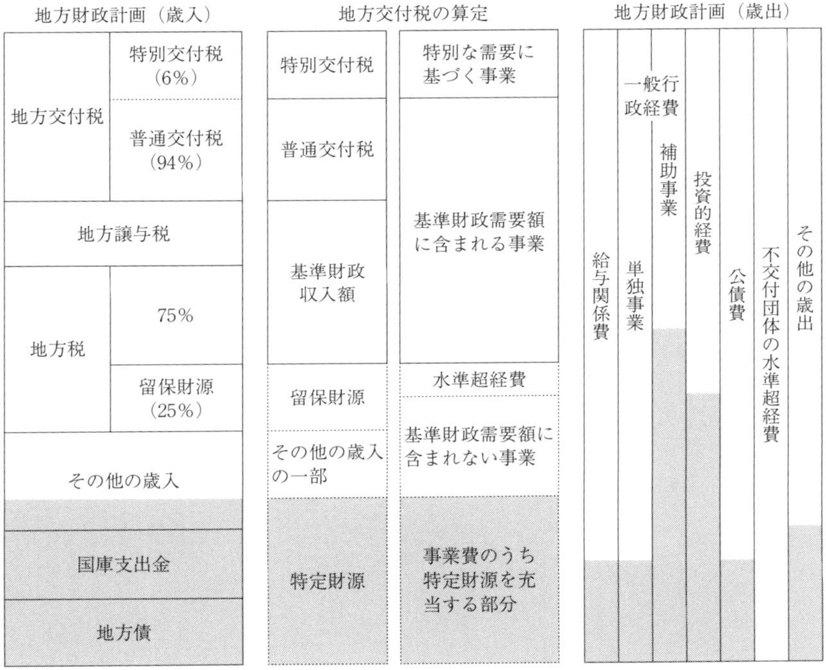
地方財政計画（歳入）
特別交付税
（6％）
地方交付税
普通交付税
（94％）
地方譲与税
75％
地方税
留保財源
（25％）
その他の歳入
国庫支出金
地方債
地方交付税の算定
特別交付税
普通交付税
基準財政
収入額
留保財源
その他の歳入
の一部
特定財源
特別な需要に
基づく事業
基準財政需要額
に含まれる事業
水準超経費
基準財政需要額に
含まれない事業
事業費のうち
特定財源を充
当する部分
地方財政計画（歳出）
給与関係費
一般行
政経費
単独事業
補助事業
投資的経費
公債費
不交付団体の水準超経費
その他の歳出

注：図中、アミかけ部分は特定財源である。地方税の中に都市計画税や入湯税など特定財源も含まれるが煩雑になるので省略している。
歳入の「その他」は、使用料・手数料と雑収入である。
歳出の「その他」は、公営企業繰出金と維持補修費、歳出特別枠の経費である。
出所：岡本【1995】94 頁をもとに筆者が加筆修正した。

図１－１　地方財政計画と地方交付税の算定の関係

地方財政計画と地方交付税の算定の関係を図示したのが、**図１－１**である。

標準的な地方税収のうち 25％ は、基準財政収入額に算定しない「留保財源」とされる[7]。近年では地方税収は 35～40 兆円あるが、不交付団体の水準超経費に相当する部分もあるため、留保財源に対応する施策にあたる経費は数兆円の規模になる。留保財源については第５章で詳

7)　都道府県分の留保財源は、2003 年から従来の 20％ が 25％ に引き上げられた。

しく見ることになるが、留保財源の根拠は、第一に、地方団体のあらゆる財政需要を完全に捕捉することは不可能であること、第二に、財政需要以外の独自の施策を行うための財源的余裕が皆無となるとともに、地方税の税源培養の意欲を失わせるおそれがある、とされている[8]。また、「税収が多い団体は、一般的には経済活動が活発であり、それに基づいてのより多くの行政ニーズの発生が考えられる（例えば、昼間流入人口が多いことに伴う清掃費をはじめとする都市的財政需要[9]）」こともあげられている。留意すべきは、留保財源でまかなわれる自治体の事務に要する経費も、地方財政計画の枠内に含まれていることである。

　1990年代までは毎年度の総務省局長等編になる『改正地方財政詳解』（以下、本書では『詳解』と称する）には、地方財政計画にはないが「基準財政需要額全体計画」という、基準財政需要額総額が地方財政計画に対応する項目別に、都道府県・市町村別、交付団体・不交付団体別に記述されている資料が公表されていた（現在でも存在していると思われるが、容易に入手できなくなっている）。**図1-1**で見たように、基準財政需要額は地方交付税でもって財源保障される経費を算定するものであるので、地方財政計画の歳出経費のうち留保財源でまかなうとされる経費の部分は基準財政需要額には含まれない。留保財源を大きくすれば、それに対応して、基準財政需要額は縮小する（たとえば、2003年度の都道府県分の留保財源率引き上げに際しては、基準財政需要額が5000億円引き下げられている[10]）。**表1-1**は、主な項目について85年以降の5年おきに集計したものである。

　この傾向を見ていくと、まず、基準財政需要額合計は、都道府県172に対し、市町村は201と、90年代は市町村の基準財政需要額が伸びた

---

　8)　石原【2000】458頁。
　9)　黒田【2005】16頁。
　10)　古川【2005】156頁。元資料は『詳解（2001年度版）』254-258頁。

第1章　地方財政計画と地方交付税

表1-1　基準財政需要額全体計画の内訳

（単位：億円）

		1985年度	1990年度	1995年度	2000年度試算
都道府県	給与関係費	68,206	84,336（123.6）	98,308（144.1）	104,458（153.2）
	一般行政経費	14,817	27,314（184.3）	37,443（252.7）	43,822（295.8）
	うち社会福祉系統	6,768	8,197（121.1）	15,415（227.8）	21,975（324.7）
	投資的経費	27,119	43,549（160.6）	46,016（169.7）	48,891（180.3）
	公　債　費	9,095	7,344（ 80.7）	7,767（ 85.4）	15,523（170.7）
	合　　　計	127,167	179,170（140.9）	194,002（152.6）	218,636（171.9）
市町村	給与関係費	54,505	70,380（129.1）	82,913（152.1）	90,349（165.8）
	一般行政経費	28,981	40,578（140.0）	68,996（203.6）	76,132（262.7）
	うち社会福祉系統	7,447	9,730（130.7）	23,109（310.3）	33,741（453.1）
	投資的経費	87,193	47,953（ 54.9）	63,593（ 72.9）	67,898（ 77.9）
	公　債　費	7,993	8,956（112.0）	11,230（140.5）	16,947（212.0）
	合　　　計	127,883	178,672（139.7）	223,115（174.5）	257,470（201.3）

注：1　元資料では、2000年度は交付団体分のみが記載されており、2000年度の交付・不交付団
体の割合で試算したのが右端。（　）は、85年度を100とした指数。
　　2　主な項目を抜粋したので、合計は一致しない。
　　3　2005年度、2010年度の資料は見当たらなかった。
出所：『詳解』各年版から抜粋して作成。

　ことが確認できる。項目別には、90年代を通じて大きく伸ばしている
のは、一般行政経費（都道府県分で毎年2000～3000億円、市町村分で
4000～6000億円程度の増。10年間で1.5倍）である。90年代中葉頃か
らとくに市町村で公債費の増嵩がはじまっている。一般行政経費の内
訳を見ていくと、その3分の1から半分程度をしめる社会福祉系統の
伸びが大きく、市町村では、10年間で2倍以上の伸びを示している。
　21世紀にはいり、こうした配分傾向について、全体計画は見当たら
なくなった。2000年代後半（2009年分）からは、総務省ホームページ
では、地方財政計画の伸びの一部が、地方交付税のどの費目で増やす
のかの資料（地方交付税関係資料のうち主要改定内容）が掲載されて
いる。
　たとえば、2009年度の都道府県分で見ると、**表1-2**のようである。

表1-2　地方財政計画の増減を基準財政需要額へ反映する方法

	地方財政計画	単位費用	内　容
衛　生　費	630 億円	500 円増	医師確保・救急医療等の充実等
高齢者保健福祉費 （75 歳以上人口）	580 億円	5000 円増	後期高齢者医療給付費負担金の増等
地域振興費　（人口）	-320 億円	15 円減	事業費の減等
地域雇用創出推進費	2500 億円	2170 円増	創設
包括算定経費	-490 億円	人口　530 円減 面積 18000 円増	事業費の減

出所：総務省ホームページから転載。

衛生費で見ると、単位費用500円増は、測定単位は人口で1億人余りをかけると630億円程度にはなる。補正係数による増減はあまり想定されていないのであろう。地域振興費は、地方財政計画での320億円の減少は、単位費用15円の減少となっている。人口とのバランスを考えれば、補正係数による増減を大きく想定しているのであろう。

　また、地方財政計画で計上された金額のうち、特別交付税で対応することとされる経費もあるだろう。こうして見ると、地方財政計画と地方交付税（基準財政需要額）が別個に計算されているのではなく、同じ計算根拠をもっていることがわかる。

　以上見たように、地方財政計画は、国が地方財政計画を通じて期待する地方自治行政を、十全に財源保障するための財政計画である。そこで、次節では、地方自治体に対し、どのような自治体行政が期待されたのかについて見ていき、時代区分を考えることとしたい。

2　地方財政計画の重点施策の推移

　毎年度の地方財政計画の策定方針では、冒頭の総論部分に「経費全体について徹底した縮減合理化を図るとともに」という記述がある。その後に続く文言が毎年変化しており、それを一覧にしたものが**表1**

第1章　地方財政計画と地方交付税

表1-3　地方財政計画策定方針のうち歳出にかかる内容の推移

年	歳出面の方針（重点施策）
1986年度	生活関連施設等の整備を計画的に推進し、併せて地域経済の安定的な発展に資するため必要な地方単独事業費の確保。
1987年度	生活関連施設等の整備を計画的に推進し、併せて地域経済の安定的な発展と内需振興に資するため必要な地方単独事業費の確保。
1988年度	生活関連施設等の整備と地域の特性を生かした個性豊かで魅力ある地域づくりを推進するため必要な地方単独事業費の確保。
1989年度	生活関連施設等の整備と地域の特性を生かした個性豊かで魅力ある地域づくり・ふるさとづくりを推進するため必要な地方単独事業費の確保。
1990年度	地域住民の福祉の充実と地域の特性を生かした魅力ある地域づくりを推進するため必要な事業費の確保。
1991年度	地域の特色を活かした自主的・主体的な地域づくり、住民生活の質の向上のための社会資本の整備及び地域住民の福祉の充実などを積極的に推進するため必要な事業費の確保。
1992年度	それぞれの地域の特色を活かした自主的・主体的な活力ある地域づくり、住民生活の質の向上のための社会資本の整備及び地域住民の福祉の充実などを積極的に推進するため必要な事業費の確保。
1993年度	景気に十分配慮しつつ、それぞれの地域の特色を活かした自主的・主体的な活力ある地域づくり、住民生活の質の向上のための社会資本の整備、地域住民の福祉の充実、快適な環境づくりなどを積極的に推進するため必要な事業費の確保。
1994年度	景気に可能な限り配慮しつつ、それぞれの地域の特色を活かした自主的・主体的な活力ある地域づくり、住民・消費者の視点に立った社会資本の整備、地域住民の福祉の充実、快適な環境づくりなどを積極的に推進するため必要な事業費の確保。
1995年度	公共投資基本計画等の考え方に沿った住民に身近な社会資本の整備、少子・高齢化等に対応した福祉施策の充実、それぞれの地域の特色を活かした自主的・主体的な活力ある地域づくりなどを積極的に推進するため必要な事業費の確保。
1996年度	公共投資基本計画等の考え方に沿った住民に身近な社会資本の整備、災害に強い安全なまちづくり、総合的な福祉施策の充実、それぞれの地域の特色を活かした自主的・主体的な活力ある地域づくりなどを積極的に推進するため必要な事業費の確保。
1997年度	（記載なし）
1998年度	（記載なし）
1999年度	当面の緊急課題である経済再生への対応、少子・高齢社会に向けた地域福祉施策の充実等に対処。

年	歳出面の方針（重点施策）
2000 年度	当面の重要課題である経済新生への対応、生活関連社会資本の整備、介護保険制度の実施をはじめとする少子・高齢社会に向けた地域福祉施策の充実等に対処。
2001 年度	当面の重要課題である景気対策への取組み、IT 革命の推進等 21 世紀の発展基盤の構築、総合的な地域福祉施策の充実等に対処する。
2002 年度	当面の重要課題である個性ある地方の活性化、循環型社会の形成、少子・高齢化への対応等に財源の重点的配分を図る。
2003 年度	当面の重要課題である個性と工夫に満ちた魅力ある都市と地方の形成、循環型社会の構築・地球環境問題への対応、少子・高齢化対策等に財源の重点的配分を図る。
2004 年度	当面の重要課題である人間力の向上・発揮（教育・文化、科学技術、IT）、個性と工夫に満ちた都市と地方の形成、少子・高齢化対策、循環型社会の構築・地球環境問題への対応等に財源の重点的配分を図る。
2005 年度	当面の重要課題である人間力の向上・発揮（教育・文化、科学技術、IT）、個性と工夫に満ちた都市と地方の形成、少子・高齢化対策、循環型社会の構築・地球環境問題への対応等に財源の重点的配分を図る。
2006 年度	当面の重要課題である人間力の向上・発揮（教育・文化、科学技術、IT）、個性と工夫に満ちた都市と地方の形成、公平で安心な高齢化対策・少子化対策、循環型社会の構築・地球環境問題への対応等に財源の重点的配分を図る。
2007 年度	活力ある地方を創るための施策等に財源の重点的配分を図る。
2008 年度	喫緊の課題である地方の再生に向け、地方の知恵と工夫を活かした産業振興や地域活性化、生活の安全安心の確保等の施策の推進に財源の重点的配分を図る。
2009 年度	極めて厳しい地方財政の現状及び現下の経済情勢等を踏まえ、既定の加算とは別枠で地方交付税を 1 兆円増額し、歳出面においては、これに合わせて地方団体が雇用創出等を図るとともに「生活者の暮らしの安心」や「地方の底力の発揮」に向けた事業を実施するために必要な経費を計上するほか（略）抑制を図る。
2010 年度	極めて厳しい地方財政の現状及び現下の経済情勢等を踏まえ、「地域のことは、地域で決める」、地域主権の確立に向けた制度改革に取り組むとともに、地域に必要なサービスを確実に提供できるよう、地方財政の所要の財源を確保することで、住民生活の安心と安全を守るとともに地方経済を支え、地域の活力を回復させていくとの基本理念に立ち、歳出面においては、経費全般について徹底した節減合理化に努める一方、当面の地方単独事業等の実施に必要な歳出及び地域のニーズに適切に応えるために必要な経費を計上する。
2011 年度	社会保障関係費の増加を適切に反映した計上を行うとともに、地域活性化・雇用・子育て施策等に取り組むために必要な経費を計上する。

第1章　地方財政計画と地方交付税

年	歳出面の方針（重点施策）
2012 年度	社会保障関係費の増加を適切に反映した計上を行うとともに、地域経済の基盤強化等のため、地域が実施する緊急事業に対応するために必要な経費を計上する。
2013 年度	社会保障関係費の増加を適切に反映した計上を行うとともに、給与関係経費について国家公務員の給与減額支給措置と同様の削減を行うことと併せて、防災・減災事業や地域の活性化等の緊急課題に対応するために必要な経費を計上する。
2014 年度	社会保障の充実分等を含め、社会保障関係費の増加を適切に反映した計上を行うとともに、防災・減災事業や地域経済活性化等の緊急課題に対応するために必要な経費を計上する。
2015 年度	地方創生に対応するために必要な経費を計上するとともに、社会保障の充実分等を含め、社会保障関係費の増加を適切に反映した計上を行う。

出所：『地方財政計画』各年度版から作成。

－3である。その後に「等限られた財源の重点的配分」と続くことが多く、表の項目は、地方自治行政に特に求められる役割だと理解することができる。

　時期区分をするなら、90年代中葉までの時期、90年代後半から2000年代中葉までの時期、それ以降の3区分に分けられるように考えられる。

1　90年代中葉以前の「地方分権さきがけ期」

　まず、80年代後半から90年代中葉にかけての時期である。1991年度「地域の特色を活かした自主的・主体的な地域づくり、住民生活の質の向上のための社会資本の整備及び地域住民の福祉の充実などを積極的に推進するため必要な事業費の確保」が典型であり、その後の年度には「景気に配慮しつつ」という注意がはいるものの、増大しつつある地方自治体の行政課題に対応すべく、地方財政計画も拡大している時期である。93年6月の国会決議、同年8月の非自民連立政権（細川護煕内閣）などもあった、地方分権のさきがけ時期である。

41

90年代前半は、地方税収の好調さを反映して、地方財政の厳しさの定義が「累積した巨額の借入金残高を抱える」（89年度）となっている。したがって、累積債務の解消のための償還基金費が基準財政需要額として計上されたりもしている。また、重点施策に「地域づくり」が加わるようになる。バブル期の税収増による交付税財源の増を使い切るという側面もあるだろうが、地方自治体によって主張された「国土の均衡ある発展」という政策目的が前面にでているのである。なお、90年には、施設（社会資本）整備の項目すらなく、ハードからソフト事業への転換を志向していたようにも思われる。

　また、この頃は、「必要な地方単独事業費の確保」が強調されていた。国としてすべての事務を詳細に決め、補助金等によって財源保障するのではなく、単独事業として、地域の課題ごとにふさわしいものとして地方自治体の実施にまかせることは、地方分権の流れにそっている。

　バブルが崩壊し、地方財政にも影響がでるようになると、情勢認識として「景気に配慮しつつ」「地方財政の健全性の確保にも留意」することがうたわれるようになる。加えて、1990年の日米構造協議をうけ、「生活大国5カ年計画」などで生活関連社会資本の整備が政策目標となり、その多くが地方自治体によって供給される公共施設整備であることから、ひきつづき「生活の質を向上させる社会資本整備」が重点となる。公共投資を行うことが「期待」されたのである。

　同時に、この時期は、経済対策の名のもとで大型の補正予算も次々と組まれた。「総合経済対策」（92年8月、総額8兆6000億円の公共投資の追加。以下金額は公共投資の追加総額）、「総合的な経済対策の推進」（93年4月、10兆6200億円）、「緊急経済対策」（93年9月、5兆1500億円）、「総合経済対策」（94年2月、7兆2000億円）などである。このような年度途中の経済対策にかかる公共事業の追加は、全額

---

11)　その後、阪神・淡路大震災後の95年4月には「緊急円高経済対策」（阪神・淡路

第1章　地方財政計画と地方交付税

地方債が充当されるとともに、その元利返済の大部分も交付税措置される。「ハコモノ」建設は地方自治体側からの求めに応じる側面もあるが、有利な条件である地総債などの制度を利用させることで、景気対策に地方財政を動員することもつながった。

95年には、事業費総額が630兆円という巨額のものに改定された公共事業基本計画が本格実施される。地方財政計画では「景気に配慮しつつ」という歯止めもなくなっている。引き続き社会資本整備が「期待」されたのである。ところが、景気後退もあり、地方自治体での公共投資熱が冷め始めてくる。予算消化ができない、すなわち計画と決算のかい離が始まってくるのである。

この期の一般行政経費について見てみよう。

一般行政経費の内訳は、社会福祉系統を含む一般行政経費と貸付金、およびその他の経費に分けられる。社会福祉系統を含む一般行政経費について、単独事業での実施が想定されているのである。「地方分権」を進める方向で、地方財政計画では財源保障されているのである。

社会福祉系統の単独事業については、80年代までは抑制基調であったが、90年代にはいると、「国の社会保障関係予算の伸び率等も勘案しながら、地方自治体が地域の特性に応じて単独の福祉施策を充実しうるよう所要額を確保している[12]」と変化してきている。創意工夫ある単独事業を行うことは、言うまでもなく地方分権につながる。

このような単独事業への期待は、必ずしも福祉系統に限るものではない。90年代に入ると、地域づくり経費（89年度）以降、地域文化対策（93年度）、森林・山村対策（93年度）、地域情報化対策（94年度）、農山漁村活性化対策、地域スポーツ対策（いずれも95年度）、などの

　大震災復興3兆8000億円など。補正予算措置なし）、95年9月には「経済対策」（12兆8100億円、うち阪神・淡路大震災復興費1兆4100億円）も実施された。
12）『詳解（1990年度版）』213頁。

多くの項目が新たに盛りこまれていく。このように地方財政計画に計上された単独事業の経費は、そのまま地方交付税の基準財政需要額をふくらませ、地方自治体の自主的な行政を財源として保障するものになった。

　このように、地方分権さきがけ期においては、地方財政計画でも投資的経費が厚く計上されるとともに、地方分権の流れのなかの一般行政経費の伸びも担保された。この傾向は、93 年の政権交代（自民党から日本新党等による連立政権）、94 年の政権交代（日本新党等による連立政権から自社さ連立政権）を経てもかわらなかった。地方分権は引き続き進められたのである。96 年橋本龍太郎内閣が誕生し、財政もふくめた構造改革が叫ばれる中、次の時期に移っていく。

2　2000 年をはさんだ「財政構造改革期」

　これにつづく時期は、「財政構造改革」として、地方財政計画が圧縮された時期である。97 年 98 年と、特に地方財政計画の重点をあげることができない時期から始まり、2000 年代後半、2007 年あたりまでの約 10 年間である。

　地方行政の諸課題は「当面の重要課題」とされた時期である。「霞が関文学」の解釈では、「当面」とはしばらくは続けるものの将来にわたっては拘束しないことであるし、「重点的配分」であるので、他の政策課題には振り向けないことでもある。

　国においても、国債の発行は（当時の）限界になりつつあった。EU統合のためヨーロッパ諸国で赤字削減が実行されはじめたこともあり、財政再建についての制度論議が始まった。97 年 1 月財政構造改革会議を設置し、「財政構造改革 5 原則」とともに「国・地方双方に通ずる歳出抑制策を検討するとともに、地方単独施策を抑制する」ことなどを盛りこんだ「歳出の改革と縮減の具体的方策を議論するに当たっての

第1章　地方財政計画と地方交付税

基本的考え方」の取りまとめが行われた。さらに、6月には「財政構造改革の推進について」が閣議決定され、そのなかで地方財政については、「国・地方双方の歳出抑制につながる施策の見直し、地方単独事業の抑制等により、再建目標期間（2003年＝引用者注）を通じた地方一般歳出の伸び率について、国と同一基調で抑制を図り、名目成長率以下とする。（略）地方財政計画上の地方単独事業費の抑制等を踏まえ、当面の地方交付税の算定や地方債の配分に当たって、各地方公共団体における歳出の抑制を促すような措置を講じる」とされた。そして、97年秋には、2003年度までに国と地方の財政赤字をGDPの3%以内とすることなどを目標とする財政構造改革法が成立した。[13]

　このような中で作成された97年度地方財政計画においては、重点施策の記述がみられないものとなり、98年度についても同様であるのみならず、「地方一般歳出を抑制する」ことが書き込まれ、対前年比368億円（0.03%）増の規模に抑えられた。人口4000人以下の町村に対する段階補正係数の縮減が始まり、また、「平成10年度の地方財政計画においては、物件費に係る地方団体の支出の状況等を踏まえ、平成9年度に引き続き物件費の縮減を行う」ことをはじめ、一般行政経費の[14]伸び率も低く抑えられた。投資的経費の縮減（前年度比で1兆6506億円）も行われた。地方財政計画において経費の削減が盛り込まれても、自治体においては即時に経費を削減できない。後述するように、こうした地方財政計画の伸びが縮小したことが、地方自治体にとっては計画・決算のかい離として、すなわち、投資単独事業を縮減し一般行政経費の確保したことにつながったのである。

───────────────

13)　この時期の財政構造改革と地方財政計画への影響については、『詳解（1999年度版）』61-73頁を参照。
14)　平嶋【1998】63頁。物件費は、民間委託にかかる委託料が主要な経費である。地方財政計画上で物件費が引き下げられたことも、計画・決算かい離につながる要因となった。

しかし財政構造改革は、年度が改まった98年度初頭に凍結される。「総合経済対策」（98年4月、総額7兆7000億円の公共投資追加）「緊急経済対策」（98年11月、8兆1000億円）「経済新生対策」（99年11月、6兆8000億円）などの大型補正が組まれた（これらの対策には、公共投資と別枠で、金融対策やベンチャー重視の中小企業対策、雇用対策などいわゆる「構造改革」とセットになった施策も含まれている）。

　地方財政計画の「低迷」は、その後の市町村合併と三位一体改革後にまで続く。なお、市町村合併については、あくまで「自主的な市町村合併」（市町村合併特例法第1条）とされているが、地方財政計画においては、市町村合併を推進する「合併特例事業費」がその後1兆円を超える規模で計上されることになる[15]。

　2001年に発足した小泉内閣は、その直前の経済対策などの積極財政を否定し、再び構造改革の道へと進んだ。公共事業の削減と規制緩和をすすめた。「百年安心の年金改革」にも踏む込み、社会保障分野においても対前年度比は伸びてはいるが、自然増とされる伸び率からは削減された。また、小泉内閣のもとで実施された三位一体改革は、国庫補助負担金の削減と税源移譲という地方分権を進める方向での成果をえたが、同時に、地方交付税の総額の削減という地方自治体にとってマイナスの事態にもなった。地方財政計画では、「財源の重点配分を図る」とされ、伸びる分野はあるものの総論としての削減の方向が進んだ。この路線はその後の安倍内閣（第一次）にも引き継がれたが、2007年の参議院選挙で与野党が逆転し、政権の安定性が失われるとともに、地方財政も迷走した。2007年度の地方財政計画では、「活力ある地方を創るための施策等に財源の重点的配分を図る」とされているが、同年の参議院選挙1人区（その多くは「地方」である）における選挙結果をうけたものとして考えられる。

---

15)　2001年以降、30億円程度の市町村合併推進体制補助金が制度化されている。

第1章　地方財政計画と地方交付税

　2008 年 9 月のリーマンショック、2009 年 8 月の衆議院選挙後の政
権交代を待たずとも、積極財政への転換の芽はでていた。それは、構
造改革への批判でもあった。地方交付税の縮減の結果をもたらした三
位一体改革は実質的に「地方」の負担となった。高齢化社会は進展し、
少子化対応にしても同時に、社会福祉の担い手である地方自治体への
期待が高まる。一方で、東京一極集中の是正と地域の活性化の必要性
に迫られた。その担い手は地方自治体であった。こうして地方財政計
画は再び拡大傾向（といっても微増）になるのである。

3　リーマンショックと「歳出特別枠」：競争の時代の地方財政

　この後、今日まではリーマンショック対応や、民主党への政権交代
や自民党の政権奪取をはさみつつ、地方財政計画が再び拡充される傾
向になる時期でもある。以下で見るように、2007 年をこの時期の始期
としたい。[16]

　この期間を特徴づけているのは 2 点ある。1 点目は、構造改革期に
低迷した地方交付税の機能の復元であり、もうひとつは「競争」の導
入である。

　第一に、地方交付税の機能の復元について見てみよう。

　まず、社会保障をはじめとするナショナルミニマムの保障、いわゆ
る財源保障機能が復調した。

　たとえば、2012 年度の地方財政計画は、同年 12 月の安倍晋三内閣
（第二次）が発足以前の民主党政権時代にその骨格がつくられてはいる。
「社会保障関係費の増加を適切に反映した計上を行うとともに、地域経

---

16)　小西【2017】でも、福田康夫内閣で打ち出された定住自立圏構想や地方法人特別
　　税制度、その後の麻生太郎内閣の行ったリーマン・ショック対応の大規模な経済対
　　策によって地方財政を充実したとともに、地方交付税の別枠加算を行った。「平成
　　22 年度は政権交代によって民主党政権に代わっていたが、地方財源を充実する方向
　　性は基本的に変わらなかった」としている（79 頁）。

済の基盤強化等のため、地域が実施する緊急事業に対応するために必要な経費を計上する」と書かれていることに典型なように社会保障関連経費の保障が行われるようになった。税と社会保障の一体改革でいわれた「全世代型社会保障」として、少子化対策にも消費税増税分を充当することなど、これまでは医療と年金の社会保険が社会保障の重点だったのを、保育や少子化対策などのサービス面給付にも広げることも含まれている。

　また、東京と「地方」の格差是正も必要な課題であった。もとより財源調整機能として、経済力の格差による自治体財政格差を埋める機能は地方交付税に求められている。

　2007年は、新型交付税の導入を行い、地方交付税の総額の枠内で配分の変更が目指された。新型交付税は、従来の投資的経費や「地域振興関係経費」を包括算定経費として大づかみで配分する仕組みではあるが、「経常経費」の項目において、行政需要に応じる単位費用の増減が行われるようになった。とりわけ、社会福祉費を中心に増額している。

　また、都市と地方の税源の偏在是正のため、「税制の抜本的な改革において偏在性の小さい地方税体系の構築が行われるまでの間の措置」（地方法人特別税等に関する暫定措置法第1条）として、地方法人特別税と地方法人特別譲与税が創設された。これは、①法人事業税（所得割・収入割）の税率を引き下げる、②事業税の引下げ相当分を国税に振替える（地方法人特別税）、③の税収相当額を都道府県に人口・従業者数に基づいて譲与する（地方法人特別譲与税）ものである。法人事業税の集中する東京をはじめ都市部から地方部への財源移転・再配分の措置である。

　「この偏在是正措置によって、平年度ベースで、平成19年度の不交付団体である東京都と愛知県については合計3700億円程度の減収に

第 1 章 地方財政計画と地方交付税

なる一方、他の 45 道府県については合計 3700 億円程度の増収になる。しかしながら、不交付団体である東京都と愛知県の減収は、地方財政計画上、それを財源とする歳出（不交付団体の水準超経費）の減をもたらし、結果として、交付税総額が減少してしまう。このような事態を避けるため、地方が自主的・主体的に地域活性化施策に取り組むための経費として、『地方再生対策費』を 4000 億円（交付団体分約 3700 億円＋不交付団体分約 300 億円＝4000 億円）計上」することとなった。[17] ちなみに、地方法人特別税は道府県民税である事業税の改革であったが、「地方再生対策費」については、都道府県 1500 億円、市町村 2500 億円の配分となっている。

こうして、活性化の必要な地方部への手立てはできたが、地方交付税の枠内の組み換えと、東京など大都市部の財源の再分配によるものでしかなかった。地域格差を是正しつつそれぞれの地域の特性に応じ、地域資源を生かしつつ地域経済の活性化をはかるには、量質ともに不十分であった。三位一体改革後に持ち出された財政再建のための仕組み＝「歳出・歳入一体改革」（行財政運営と構造改革に関する基本方針 2006）は社会保障の拡充にも格差是正の足かせになってきた。

2006 年 7 月 7 日閣議決定の「経済財政運営と構造改革に関する方針 2006」は、2011 年までに基礎的財政収支を黒字化する目標は維持しつつ、地方行政分野では、定数の削減等による人件費の削減、投資単独事業の削減などの歳出削減策が盛り込まれていた。同時に、経済成長と財政健全化の両方を達成するとして、歳出・歳入一体改革に取り組むこととされた。その原則 7 には「国・地方を通じて歳出削減を徹底した上で、必要と判断される歳入増については、これを実現するための税制上の措置を講ずる。その際、『新たな国民負担は官の肥大化には

17）『詳解（2008 年度版）』203 頁。なお、この折衝において、総務省は地方法人二税と地方消費税との交換である「税源交換」を主張した。

49

振り向けず、国民に還元する』との原則を徹底する」ことが盛り込まれた。これにより地方財政計画においても、歳入増のない歳出増は認められないこととなる。

　こうした中でも、しかしながら構造改革路線の変更はなかなかすすまなかった。

　2008 年にリーマンショックがおきる。バブル崩壊時に似た本格的な景気対策が求められた。景気対策のための定額給付金の支給（実際に支給事務を行うのは地方自治体であったが）、高速道路の利用料金土日・休日 1000 円など中央政府が実施する行政分野は限られており、失業対策にしても、福祉にしても、地方財政の出番となる。ここにおいて、適当な財源を見合いとしない歳出増が認められることとなった。

　「地方一般歳出を拡大しようとするには、歳出項目に、『基本方針2006』の縛りを受けない『特別枠』を新たに設ける必要が生じることになる。平成 20 年度改正では、特別枠として『地方再生対策費』4000億円が新設された。これは、地方法人特別税及び地方法人特別譲与税の新設で地方税偏在是正が図られたことにより生じた財源を活用したものである。地方財政計画の歳出に地方再生対策費が創設されたことにより、歳出総額、地方一般歳出ともに増加しているが、地方再生対策費を除くとそれぞれ減少しており、この点では、歳出削減路線は維持されていると見ることもできる」[18]のである。

　こうした措置を歳出特別枠といい、その原資は別枠加算と呼ばれる。別枠加算といっても、従前のように特別の財源があるわけではない。90 年代以前のように国の一般会計からの持ち出しでもなく、臨時財政対策債の増額によってまかなわれた（**表 1 - 4**）。

　地方が臨財債のかたちで負担するとはいえ、地方財政計画の総額の拡大方向に舵が切られた（リーマンショックによる税収減があるので、

---

18)　鎌田【2007】。

50

第1章　地方財政計画と地方交付税

表1-4　歳出特別枠の規模と内訳

（単位：億円）

年度	地方財政計画の新設項目	金額	地方財政計画の規模	臨時財政対策債
2008	地方再生対策費	4,000	834,014	28,332
2009	地方再生対策費	4,000	825,557	51,486
	地域雇用推進費	5,000		
2010	地方再生対策費	4,500	821,268	77,069
	地域活性化・雇用等臨時特例費	9,850		
2011	地方再生対策費	3,000	825,054	61,593
	地域経済活性化・雇用等対策費	12,000		
2012	地域経済基盤強化・雇用対策費	14,950	818,647	61,333
2013	地域経済基盤強化・雇用等対策費	14,950	819,154	62,132
	地域の元気づくり推進費	3,000		
2014	地域経済基盤強化・雇用対策費	11,950	833,607	55,952
	地域の元気創造事業費	3,500		
2015	地域経済基盤強化・雇用対策費	8,450	852,710	45,250
	まち・ひと・しごと創生事業費	10,000		
2016	地域経済基盤強化・雇用対策費	4,450	857,593	37,880
	まち・ひと・しごと創生事業費	10,000		
	重点課題分	2,500		
2017	地域経済基盤強化・雇用対策費	1,950	866,198	40,452
	まち・ひと・しごと創生事業費	10,000		
	重点課題分	2,500		

出所：『地方財政計画』各年版から作成。

当面は、地方財政計画の総額は減額が続く）。地方自治体の行政活動への期待が膨らみ、地方分権の時代は復活するかと思われた。

　2009年度地方財政対策においては、「生活防衛のための緊急対策に基づき、麻生総理の指示を踏まえ、既定の加算とは別枠で地方交付税を1兆円増額するとともに、これにあわせて地方財政計画の歳出に地方公共団体が雇用創出等を図るとともに、「生活者の暮らしの安心」や「地域の底力の発揮」に向けた事業を実施するために必要な経費として1兆円を追加計上することとした」[19]。「歳出特別枠」を活用した地方財政計画の拡大傾向が、「地域」をキーワードにして再び始まったの

19)　『詳解（2009年度版）』5頁。

である。

　経済的に弱い地方に厚く配分しようとする傾向は、民主党政権で加速していく。

　2010 年度の地方財政計画においては、「地方が自由に使える財源を増やすため」と明記された。また、2010 年 3 月 2 日には衆議院総務委員会、3 月 24 日には参議院総務委員会で決議があいついで採択された。基本線は、三位一体改革において地方交付税が約 5.1 兆円減少する等で地方を疲弊させており、財政力の弱い地方公共団体を中心に厳しい財政運営を強いられたとし、これを改善する地方税財源の拡充を求めるものであった。

　その結果、地方再生対策費 4000 億円にくわえ、地域活性化・雇用等臨時特例費 9850 億円の特別枠が設けられた。これは、財政投融資会計の金利変動準備金を原資に前年に創設された地域雇用創出推進費をいったん廃止するものの、約 5000 億円を加え、「『コンクリートから人へ』という国の予算の基本的な方向性を踏まえ、地方財政計画においても投資的経費（単独）が大幅に減少した一方で、当面の地方単独事業等の実施に必要な経費を確保する観点から[20]」設けられたものである。

　さらに、「財政力の弱い地域あるいは小規模の市町村への目配りをしっかりと行うべく、平成 22 年度の交付税の算定に向けて、小規模ゆえに割高となるコストを反映させる段階補正の見直しなどの検討を進める[21]」。として、三位一体改革前後の段階補正の縮小による影響も復元されることとなった。

　2012 年には、「地域経済基盤強化・雇用等対策費」は 1 兆 4950 億円が計上された。リーマンショック以降の「地方再生対策費」及び「地域活性化・雇用等対策費」を、概算要求組替え基準における取扱いと

　20）『詳解（2010 年度版）』161 頁。
　21）『詳解（2010 年度版）』229 頁。

第1章　地方財政計画と地方交付税

基調を合わせて一定の縮減を図った上で、整理・統合したものである。あわせて、歴史的円高等、地域経済を取り巻く環境が激変する中、海外競争力強化等のため、地域が実施する緊急事業に対応するための緊急枠（1750億円）を含めて計上されている。

　2015年からは地方創生が政権の目玉となり、地方創生推進のための交付金が用意され（当初のそれは補助率10/10であった）、地方財政計画にも「まち・ひと・しごと創生事業費」として1兆円の歳出が計上された。

　これまで見たようにこの期間における特徴の1点目は、地方交付税の機能の復活であった。以下では、2点目の特徴である「競争」について、振り返ることとしたい。

　地方交付税の算定において「競争」の論理が盛り込まれたのは、この時期が初めてではない。

　岡本【1985】は、ナショナルミニマムが達成されたような時代の大きな変化のもとで地方交付税の算定が、「画一的算定から多様性の算定へ」「静態的算定から動態的算定へ」「一律的な財源付与から地方公共団体の行う仕事量に応じた算定へ」「国庫補助事業の算定から地方単独事業の算定へ」「よりきめ細かな財政需要の算定へ」との変化が求められているとして、地域振興、地域福祉、一部の投資単独事業などを例に、人口に応じて算定すれば「地域振興のためにがんばっている村にも、『何もせず眠っているような村』にも、一律に地方交付税が配分されることになる[22]」として、中立的な算定方法を変更し、「競争」をもちこんだ地域づくり経費や事業費補正について、自画自賛していた。

　たしかに地方分権を進めることは、「何もしない自由」も認めることになる。とはいえ、構造改革期には、事業費補正の縮小、地域総合整備債の新規発行の廃止などの改革が行われた。総額の均衡、縮小を目

---

22)　岡本【1995】159-167頁。

の前にして、小さくなったパイを奪い合うことは避けたかったのかもしれない。

2007 年、新型交付税導入とあわせて「頑張る地方応援プログラム」が制度化された。これは、「やる気のある地方が自由に独自の施策を展開することにより、「魅力ある地方」に生まれ変わるよう、地方独自のプロジェクトを自ら考え、前向きに取り組む地方自治体に対して支援を行うことを目的とするもの[23]」で、前年から実施されている「行革インセンティブ算定[24]」もその一環とされた。

頑張る地方応援プログラムの算定方法としては、市町村の実施するプロジェクトについて、行政改革指標、転入者人口などの成果指標を補正係数として採用し、普通交付税の算定において 2200 億円を目途に割増す仕組みである。このほか、企業立地促進のために、立地企業に独自に減税措置を行っても補てんすべく 300 億円も用意された（従来も、条件不利地域立法において誘致企業に対して減税することが可能とされ、その制度のもとでの減税分は基準財政収入額に影響しないよう算入する仕組みは存在した）。

頑張る地方応援プログラムは、市町村がプロジェクトを立案し、国からの採択をえたものについては、交付税措置がされる仕組みである（事業費の一部は特別交付税として、また取り組みの成果を反映して普通交付税措置される）。地方自治体が地域課題に応じて実施する単独事業を推進するために、地方交付税等の一般財源として財源保障することが地方交付税制度のそもそもだったはずだが、プロジェクトの採択についても、「成果指標」による点検にしても、国の関与が強まる形での導入となった。

23）　総務省資料による。
24）　人件費や物件費の削減などの歳出努力分については、そのための IT 化等の経費を算入し、徴収強化の努力分については、そのための休日・夜間手当の増加を見込んで算入する仕組み。

第1章　地方財政計画と地方交付税

　地方交付税の算定において、地方自治体の施策を国が採択する仕組みはその後も、2017年度からの地方創生推進交付金（補助率1/2）について、この「裏負担」の2分の1は特別交付税でもって充当されるなどのかたちで引き継がれる。また、「取組の成果」を反映する算定は、「地域の元気創造事業費」（2014年以降）にも、地方創生関係の「人口減少等特別対策事業費」（2015年以降）にも引き継がれている。

　以上見てきたように、地方財政計画は、重点施策という選択と集中の構造を持ちながら、90年代から21世紀にかけて、3つの時期区分にわけて考えることができる。1つは90年代前半までの「地方分権さきがけ期」で、地方分権を進める方向で、さまざまな行政内容が地方行政に期待され、地方財政計画も地方交付税も拡大した。90年代後半から2000年をはさみ「構造改革期」となり、地方財政計画は低迷していく。そして、2007年頃からの「競争の時代」に変わっていく。リーマン・ショック対応を含む地域経済や雇用確保が地方行政に求められていく。

　次節では、地方財政計画の歳出の項目別にどのような変化があったのかを見ていくことにしよう。

3　地方財政計画の推移と項目別特徴

　第1節で見たように、90年代前半の「地方分権さきがけ期」は税収の増を背景にしつつ、少子・高齢化や地方分権のもとで地方行政の役割の拡大にともない、地方交付税の算定にあたっての基準財政需要額は拡大した。[25] 2000年前後の「構造改革期」には、地方財政計画の伸び

---

25)　古川【2002】247頁では、「国庫補助金の減少につなげるという意味での『自治＝大蔵連合』と、補助金などが手離さないという意味での『自治＝各省庁連合』が成立し」、「地方公共団体の共通財源という性格が、補助金減という予算制約のもとで、『中央政府＝各省庁の共通財源』へと大変換を遂げた」としている。なお、「中央政

55

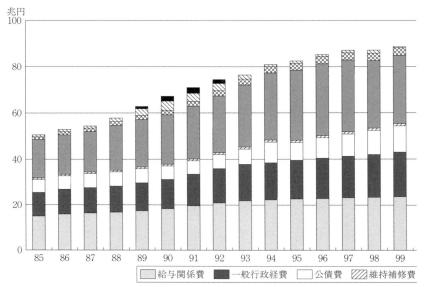

注：「不交付団体」とは「不交付団体の水準超経費」。
出所：『地方財政計画』各年度版から作成。

図1-2　地方財政

は止まっている。2000年代後半以降の「競争の時代」においては、地方財政計画はわずかな伸びとなっている。

　この間の地方財政計画歳出について見ると、**図1-2**のとおり、「地方分権さきがけ期」は、バブル後も順調に伸ばしつづけている。「財政構造改革期」においては、98年は前年度の伸びを止めたが、その後も伸び2001年をピークに低減傾向になった。三位一体改革の時期に大きく減少している。「競争の時代」となり、ほぼ前年度通りの金額となり、通常収支分（東日本大震災復興関連は別枠で計上されるようにな

府＝各省庁の共通財源」とは澤井【1993】222頁も参照。また、この間の、交付税措置の事業とその展開、総務省と各省庁との関係については、岡本【1995】第8章や遠藤【2005】も参照。各省庁の補助金・事業を所管する担当は、自治省時代は調整室（室は課の内部）だが総務省では調整課に昇格している。

第1章 地方財政計画と地方交付税

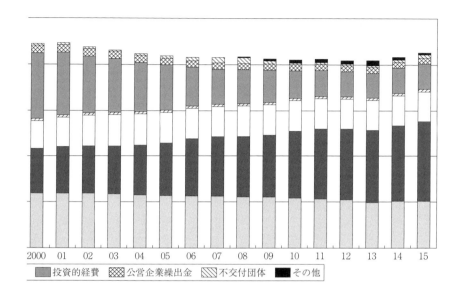

計画（歳出）の推移

った）で見ても以降は拡大傾向にある。2014年度以降、総額の増加が見られる。

　歳出項目別に伸び率を見ていくことにしよう。**図1-2**からは、一般行政経費と公債費の増嵩傾向が見られ、投資的経費が激しく減少していることがわかる。項目別にもう少し細かく見ていく。**表1-5**は、5年おきに実額と1985年対比の指数を表にしたものである。

　まず、人件費について。[26]地方財政計画の2割強、近年では20兆円程度をしめる最大項目の1つである。地方財政計画において、給与関係費の算定は、地方自治体の定員にモデル的な給与額（退職手当含む）をあてはめる算式で計上される。そのため、行政改革としての定数削

---
26) 以下の制度的説明は、石原【2000】や自治省財政課【1978】を参照した。

57

表 1 - 5　地方財政計画（歳出項目別）の推移　　　　（単位：億円）

	1985 年度	1990 年度	1995 年度	2000 年度	2005 年度	2010 年	2015 年
給与関係費	149,582 (100.0)	183,106 (122.4)	226,984 (151.7)	236,642 (158.2)	227,240 (151.9)	216,864 (145.0)	203,351 (135.9)
一般行政経費	105,398 (100.0)	128,638 (122.0)	168,172 (159.6)	197,087 (187.0)	231,307 (219.5)	294,331 (279.3)	350,589 (332.6)
公 債 費	56,677 (100.0)	59,023 (104.1)	76,939 (135.7)	120,991 (213.5)	133,803 (236.1)	134,025 (236.5)	129,512 (228.5)
維持補修費	6,583 (100.0)	7,692 (116.8)	9,168 (139.3)	10,043 (152.6)	9,817 (149.1)	9,663 (146.8)	11,601 (176.2)
投資的経費	166,343 (100.0)	213,550 (128.4)	303,620 (182.5)	284,187 (170.8)	196,761 (118.3)	119,074 (71.6)	110,010 (66.1)
公営企業繰出金	12,088 (100.0)	18,440 (152.5)	29,910 (247.4)	32,750 (270.9)	28,659 (237.1)	26,961 (223.0)	25,397 (210.1)
不交付団体の 水準超経費	8,600 (100.0)	40,200 (467.4)	10,300 (119.8)	7,600 (88.4)	10,100 (117.4)	6,500 (75.6)	13,800 (160.5)
そ の 他		20,753				13,850	18,450
歳出合計	505,271 (100.0)	671,402 (132.9)	825,093 (163.3)	889,300 (176.0)	837,687 (165.8)	821,268 (162.5)	852,710 (168.8)

注：その他は、財源対策債償還基金費（90 年）、地域再生対策費ほか（2010 年）、まち・ひと・し
　　ごと創生事業費ほか（2015 年）。（　　）は、85 年度を 100 とした指数。
出所：『地方財政計画』各年版から作成。

減の反映をのぞき、先に見たような地方財政計画策定段階での単年度
の裁量的な増減はみられないものである（東日本震災後の 2013 年には
国家公務員に準じた公務員給与の特例減額も実施された）。

　90 年代にはいり、バブル景気を背景にした民間企業職員の給与アッ
プは公務員人件費の単価を押し上げるとともに、ゴールドプランによ
る福祉関係の増員があることから、地方財政計画で見積もられる定数
も増員され、給与関係費の伸びにつながった。ただ、93 年度以降の景
気後退期にはその伸びは抑えられ、96 年度以降はほぼ前年水準である。
21 世紀に入って以降は、定数削減の影響をうけ、低減傾向が続いてい
る。なお、地方財政計画としては、自治体独自の上乗せ配置や給与差
額（いわゆるラスパイレス指数 100 超の部分）については計上されて
いない。

58

第 1 章　地方財政計画と地方交付税

　公債費については、地方財政計画での計上は、当該年度の償還予定額をもとに計上されている。97 年度以降、地方財政計画の伸びが止まりつつあるなかで、10 兆円をこえるようになった。2001 年以降、臨時財政対策債の発行された影響もある。

　公営企業繰出金は、下水道や鉄道などの特別会計への一般会計からの繰入を計上するものである。地方財政計画では法定繰入額が計上され、いわゆる赤字補てん的な繰り入れは計上されない。伸び率は大きなものがあり、2000 年にかけて 3 兆円程度と無視できない比重を占めるようになってはいるが、2010 年度以降、その額は縮小傾向となっている。

　不交付団体の水準超経費とは、地方財政計画全体の収支バランスをとるため、不交付団体の財源超過額（留保財源額）に相当する額の一部を、その経費の性質別の分類をせずに一括して歳出の欄に掲げて整理するものである。バブル期の 80 年代後半には対前年度比で伸びているなど、景気を反映した税収の増減によるものである。ピーク時の 90 年度には 4 兆円を超えていたが、近年では 1 兆円台の水準である。

　このほか、維持補修費も地方財政計画に計上されているが、1985 年度は 6600 億円、2000 年度以降も 1 兆円程度と金額は少なく、ほぼ毎年同じ水準である。

　こうしてみると、地方財政計画を通じた地方自治体の財源保障といっても、投資的経費と一般行政経費しか、国としてコントロール可能な項目がないのである。

　90 年代こそ、人件費を上回る最大規模の項目であった投資的経費の膨張は、630 兆円公共投資基本計画等の反映でもあった。「生活大国」をめざし、下水道や公園整備など、生活関連社会資本の整備が急速に進められた。90 年代バブル崩壊時期には、景気対策にも動員された。ただし、地方財政計画でも投資的経費が伸びていたのは 97 年度までで

59

あり、橋本内閣の財政構造改革のもとで98年度以降は計画上も、純減をはじめ、21世紀に入ってからもその傾向は変わらず、「競争の時代」にはいった近年での実額は1985年水準の3分の2程度にまで落ち込んでいる。

　最後に、一般行政経費について検討する。一般行政経費とは、給与費や投資的経費、公債費をのぞく文字通りその他の経費で、近年では地方財政計画の4割程度、30兆円超を占めている。

　このうち、補助事業分（国庫補助負担金を伴うもの）と単独事業分（国庫補助負担金を伴わないもの）に分けられる。20世紀はほぼ半分であった。前者については、地方自治体の超過負担や上乗せなどの問題がこれまで指摘されているところであるが、「経費の計上は、（略）毎年度国の予算案の確定後、各省庁に対して行っている国庫補助負担金の調査表より積み上げて計上している[27]」とされ、国の補助金を充当する部分以外の経費はここに含まれ、裁量は働かないものである（補助金そのものの増減は国の裁量ではある）。

　一般行政経費の内訳は、社会福祉系統を含む一般行政経費と貸付金、およびその他の経費に分けられる。社会福祉系統を含む一般行政経費について、単独事業での実施が想定されており、「地方分権」を進める方向で、地方財政計画では財源保障されているのである。

　一般行政経費の単独事業は、「文教、社会教育等の各種施設の運営経費をはじめとして、民生、衛生行政執行のための経費、産業振興のための経費、住民の安全、福祉の増進に要する経費で地方団体が単独で実施するもの及び地方団体の内部管理的経費等であ[28]」り、社会福祉系統とその他の一般行政経費をあわせた一般経費のほか、私学助成等という細目で計上されている。この経費の積算は、「従来から原則として

───────────

27)　自治省財政課【1978】（『地方財政』78年10月号）90頁。
28)　自治省財政課【1978】（『地方財政』78年10月号）132～133頁。次の引用も同書。

第1章　地方財政計画と地方交付税

国庫補助負担金を伴うものの伸び率等を考慮して算定されている」と
されている。

　社会福祉系統の単独事業については、80年代までは、「国の社会保
障関係予算の伸び率を総合的に勘案して算定している。（中略）各地
方団体においては、社会福祉に係る単独事業の実施に当たっては、特
に適切な事業の選択を行い、効率的な経費の支出に配慮する必要があ
る」[29]と抑制基調であったが、90年代にはいると、「国の社会保障関係
予算の伸び率等も勘案しながら、地方自治体が地域の特性に応じて単
独の福祉施策を充実しうるよう所要額を確保している」[30]と変化してき
ている。事業の伸びを抑えられた80年代とは違い、創意工夫ある単独
事業を行うことが国から期待され、その伸びも確保された結果、対前
年度伸び率では、地方財政全体の伸び率よりは大きくなっているので
ある。

　このような単独事業への期待は、必ずしも福祉系統に限るものでは
ない。90年代に入ると、地域づくり経費（89年度）以降、地域文化対
策（93年度）、森林・山村対策（93年度）、地域情報化対策（94年度）、
農山漁村活性化対策、地域スポーツ対策（いずれも95年度）、などの
多くの項目が新たに盛りこまれていく。単独事業の経費は、そのまま
地方交付税の基準財政需要額をふくらませることになった。[31]「地方分
権さきがけ期」とは、地方への行政的な期待と財源という量質ともに
膨らんでいった時期なのである。

　ところが、「構造改革期」となった90年代後半には、社会福祉系統

29）　『詳解（1989年度版）』247頁。
30）　『詳解（1990年度版）』213頁。
31）　基準財政需要額の伸びについては、古川【1995】では、80年代後半から90年代
　　　にかけて、町村の伸びが大きかったことが指摘されている。これは、93年度の社会
　　　福祉関連事務の町村への移譲をまかなう経費とともに、地域づくり経費の配分が見
　　　積もられたからでもある。

61

は引き続き増嵩し、中心市街地活性化など新たな省庁連携事業も盛り
こまれた一方で、「その他の一般行政経費」や「地域づくり推進事業」
が縮小傾向になっている。三位一体改革以前から、国における財政構
造改革のなかで、地方財政計画の一般行政経費の一部に縮小傾向が見
られ、社会福祉系統以外の経費での縮減が始まったのである。自治体
にとって、自由に使途を決められるはずの一般財源が厳しい状況にな
ってきたともいえる。

　その後、「競争の時代」をむかえる。地方財政計画では歳出特別枠1
兆円が加えられたが、地方自治体への配分にあたっては、基準財政需
要額の需要額の項目ごとに配分されることになる。

　詳しくは第5章で見ることになるが、たとえば、2009年度には、地
方交付税を1兆円増額することとされたが、うち地域雇用創出推進費
という算定項目を新設し5000億円を配当、その余は、「『地域の元気回
復』に向けた地域活性化のための財源確保（一般行政経費）1500億円
程度」と「公立病院に対する財政措置の充実など医療・少子化対策の
充実（一般行政経費・公営企業繰出金）1500億円程度」「最近の金融
情勢を踏まえた公債費の償還期限の見直し（公債費）2000億円程度」
として、基準財政需要額に盛り込まれた。

　2010年の「活性化推進特例費」5350億円は、具体的には次のよう
な項目での積算内容の増となった（『地方交付税制度解説（単位費用
編）』の記載による）。

　都道府県分については、教育費の小学校費、中学校費、高等学校費
特別支援学校費では「地域の実情に応じた教育環境の充実に関する事
業」として、その他の教育費としては、「図書館・博物館・青少年教
育施設等教育関連施設の耐震化・ユニバーサルデザイン化や、地域の
実情に応じたスポーツ・教育環境の充実に関する事業」に充てるとし
て、厚生労働費の社会福祉費では、「ひきこもり、ニート等の若年層

第1章 地方財政計画と地方交付税

を中心とした研修・相談体制の充実に関する事務」として、衛生費では「(1) 医師確保対策・救急医療の充実に関する事務、(2) 健康づくり・疾病予防の支援に関する事務」として、産業経済費の農業行政費では「農産物の加工や販路拡大など、農業関連産業の活性化に関する事務、就農支援に関する事務」として、林野行政費では「森林路網の整備に関する事務、施業の集約化に関する事務」として、水産行政費では「地域水産物の生産・販路・消費拡大など、水産関連産業の活性化に関する事務」として、商工行政費では、「(1) 地域特産品の販路拡大など、商工観光産業の活性化に関する事務、(2) 地域雇用創出の促進に関する事務」として、総務費の地域振興費では「地域の特色を生かした生活しやすいまちづくりに関する事務」として新たに措置がされ、標準団体の行政経費として、29 億円が見込まれた。市町村分についてみてみると、1 億円弱の費用が見込まれた。

　次に、大きな項目ごとに各年の特徴的な変化について見ていこう。**図1-3**は、対前年度増減について、寄与度でみたものである。全体の対前年度の増減についてどの項目が影響しているかがわかる。

　まず88 年度以降94 年度まで毎年、対前年度比6％ 前後の伸びを計上する。その伸びの内訳について見ると、90 年前後には、景気伸長を反映した不交付団体の水準超経費や、その他（臨時財政対策債償還基金費、土地開発基金、地域福祉基金など）[32]の伸びが大きい。投資的経費の伸びも大きな比重を占める。95 年度以降、全体の伸びが投資的経費の縮減にともない低く抑えられるようになったなかで、公債費と一

---

32)　財源対策債とは、1978 年から 1980 年までの景気対策のための公共事業費のため発行を許可されたもの。償還基金費として 89 年から 91 年にかけ延べ 5 兆円措置された。また、92 年には、臨時財政特例債償還基金費（1985 年から 1988 年にかけて国庫補助率の引き下げ分の補填のために発行）として 1 兆円が措置された。このほか土地開発基金（91 年から 92 年、1 兆円）、地域福祉基金（93 年、9600 億円）が増額された。

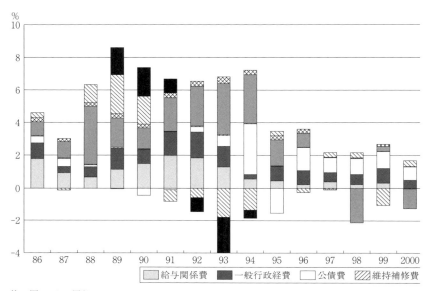

注：図1-2に同じ。
出所：図1-2に同じ。

図1-3　地方財政計画（歳出）

般行政経費は堅調のまま推移している。期間を通して、地方公務員人件費にあたる給与関係費は91年度、92年度には大きな伸びがあるが、ほかの年度には、低位で推移している。

　98年度には、対前年度とほぼ同額水準となる。一般行政経費の伸びも低く抑えられ（0.5～0.6％程度）、投資的経費に至っては前年度比マイナスの経常となった（金額にして1兆6000億円、前年度比2.1％減）。

　21世紀に入り、構造改革期のなか、その傾向は一変し、2010年度まで全体は対前年度比で減少していく。ここでも、投資的経費が前年度比でマイナスとなっていることが大きく影響している。景気変動により不交付団体の水準超経費が2004年から2008年まで前年度比増である一方、2002年、2003年、2009年、2010年いずれもマイナスである。

第1章　地方財政計画と地方交付税

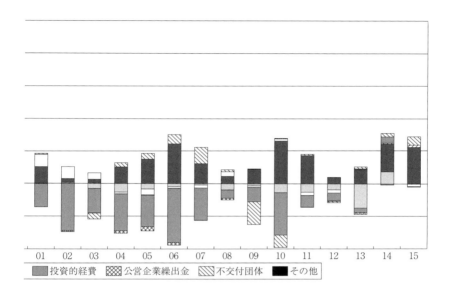

の対前年度伸びの寄与度

　そのなかで、一般行政経費は安定的に全年度比増となり、その比率も1%程度だったのが、2005年には1.5%、2006年には2.4%、2010年には2.6%と大きく伸ばしはじめた。

　2014年以降は、全体として対前年度比での増が計上されるようになった。1999年度以降15年ぶりに投資的経費が対前年度比で増をしているが、全体の伸びの大きな部分を占めるのは、この期間でも一般行政経費である。

　歳入について見てみよう。全体的な傾向では、1994年度以降地方債が一定の大きさを占めていること（当初は景気対策、2001年度以降は臨時財政対策債）、三位一体改革の税制改革をうけ、2007年、2008年度は地方税の伸びが見られたが、歳出と比べ全体を通じての大きな傾

65

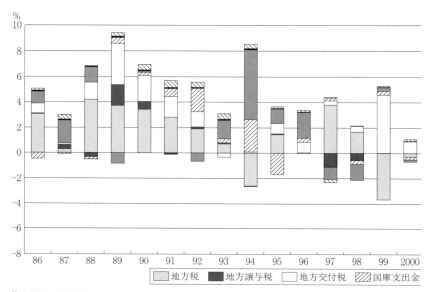

注：図1-2に同じ。
出所：図1-2に同じ。

図1-4 地方財政計画（歳入）

向の変化はない。

　図1-4は歳出と同様、対前年度の増減について寄与率でみたものである。バブル期の90年前後は、地方税の伸びが大きい。同時期はまた地方交付税の伸びも大きかった。一方、91、92年度には歳出では投資的経費が大きいものの地方債の比重はさほど増えてはいない。

　バブル崩壊後の景気対策がとられた93、94年度には投資的経費のための地方債が増加した（94年度には減税補てん債[33]も含まれる）。97年

---

33) 減税補てん債はこの時期の景気対策のために減税が行われたが、それにともなって地方税も減税され、その減収分を補てんするために起債が認められたもの。その元利償還は100％基準財政需要額に算定される。この時期の減税は、1994年は住民税20％（上限20万円）、95、96年度は15％減（上限2万円）と大規模なものであった。

66

第1章　地方財政計画と地方交付税

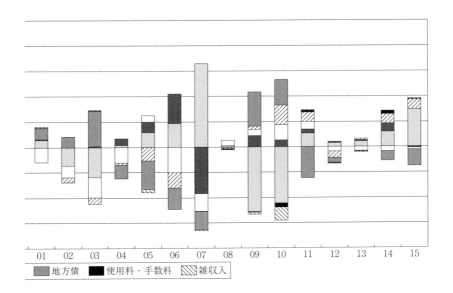

の対前年度伸びの寄与度

度に地方税が伸びているが、特別減税措置が一旦終了する関係である。99年度には介護保険準備のために地方交付税が伸びている。

　21世紀に入り前年度割れが続くようになる。2003年の地方債が伸びているが、臨時財政対策債が前年度比倍の5.9兆円の発行を見込んでいるからである。同年には、地方譲与税制度の一部が改正され、地方揮発油譲与税と自動車重量譲与税の地方配分率が増えたことにともない以降地方譲与税の増加も見える。2007年には税制改革の結果、地方税が大きく伸びるが、地方譲与税、地方交付税等が減少している。逆にリーマンショックをうけ2009年度や2010年度の地方税が減少することになるが、地方交付税や地方債（臨時財政対策債）が伸びることで、地方財政計画の総額が確保されていく。

67

2014年度以降全体が前年度増となっているが、地方税の伸びとともに、国庫支出金も 0.7 ポイント程度ではあるが伸びている。

以上見てきたように、3 つの時代区分でいえば、「地方分権さきがけ期」には、少子高齢化対策や地域経済振興のため一般行政経費に拡大が見られた。その後の「構造改革期」では一般行政経費の伸びも抑制されていく。「競争の時代」になり、再び一般行政経費の拡大傾向となったが、地域経済振興、雇用確保、地方創生の推進といった目的であり、地方交付税とともに、地方債（臨時財政対策債）や国庫支出金もその財源として充当された。

小　括

本章の課題は、地方財政計画の制度設計の考え方を再確認するとともに、1990 年代に拡大したことの政策的背景を含めて、単独事業の内容とその位置づけの変化を検討することであった。

第 1 節では、地方財政計画制度を再確認するとともに、地方交付税の算定方法との関連について触れ、地方財政計画に登載された事業がどのように基準財政需要額に反映されるのかについて述べた。地方財政計画の歳出のうち、留保財源と特定財源でまかなわれる部分をのぞいた基準財政需要額の傾向を見たところ、90 年代は市町村で基準財政需要額の大きな伸びを示したことがわかった。

第 2 節では、90 年代以降の地方財政計画の特徴について検討した。90 年代前半は、「地方分権のさきがけ」として、地方財政計画が拡大したが、それは、従来から一部の地方自治が実施してきた、地域の特色を活かした自主的な地域づくりや、社会資本の整備を目的としたものであった 90 年代中葉以降、景気後退局面のもと地方財政の拡大傾向も減速し、財政構造改革が打ち出された 98 年には対前年度比伸びがゼ

第1章　地方財政計画と地方交付税

ロとなった。地方財政の縮減傾向は三位一体改革においても継承されるが、2007年以降、歳出特別枠というかたちをとり、とりわけ一般行政経費の拡大傾向が再びみられるようになる。

　第3節では、90年代前半の地方財政計画の歳出面について、項目別に分析した。90年代前半には地方財政計画が大きく拡大したが、それは、少子高齢化対策など、地方分権のもと増した地方行政の役割が広がることに対応し、従来なら各省庁の補助事業で行う事業も、単独事業として行われることとなった。21世紀にはいり、地域の創意工夫、地方が自主的・主体的に地域活性化施策に取り組むために一般行政経費の拡大がみられることになる。

　そこで次章では、30年間の地方財政計画の変化をうけ、自治体でどのような財政行動をとったのかについては、詳しく見ていくことにしよう。

第 2 章

地方財政の構造変化と計画・決算のかい離

　地方財政計画は、日本の地方行財政システムを柔構造的集権制として特徴づけるものとなっている。国が作成するという意味では集権制が、歳入としては地方税や地方交付税などの一般財源も含まれており、じっさいの地方自治体における歳入・歳出が、地方財政計画どおりでない可能性がある意味では分権性がある。本章の課題は、一般財源で保障されたことが自治体での決算の傾向にどのような違いをもたらしているのかを検討することである。また、違いがあるとすれば、第 1 章での 3 つの時期区分での違いがあるかどうかを確認する。

　第 1 節では都道府県決算について、第 2 節では都市と町村の財政について、人口によって類型分けして財政行動の傾向に違いが見られるのかどうかを検討する。第 3 節では、2000 年前後に問題になった計画・決算のかい離問題について、かい離幅の大きいとされた一般行政経費（性質的歳出では、物件費、補助費等）の傾向を分析することとしたい。

1　都道府県決算の類型的特徴

　投資的経費にかぎったことではあるが、地方財政制度と地方財政の実態の関係を、自治体の財政規模別に分析した先行研究がある。

　田中【2005】は、東京都を除く 46 道府県を財政力指数で 5 グループ

71

に分けて、基準財政需要額の投資的経費・公債費の合計と決算の充当一般財源を比較した。その結果、財政力の高いグループで決算が計画を下回る傾向が認められる一方、財政力の低いD、Eグループは、相対的な意味で、計画と決算との間に大きな開きは認められないことを示し、「都道府県レベルに関する地方財政当局の財政支援施策は、財政力の高い団体に対しては、地域の実情にそぐわない面があったと考えられる。その一方、財政力が平均以下の団体に対しては、決算が計画にほぼ追随していることから、地方財政当局による財政支援施策には、一定の効果があったと判断されるのである」。さらに、市町村についても同様に分析をすすめ、「相対的に財政力の高い団体（大都市）と低い団体（町村）のかい離が大きくなっている。とりわけ問題とすべきは地域づくり施策の主要対象であった町村において、90年代後半に入り、計画と決算とのかい離が最も大きくなっている。（略）地方財政当局の財政支援施策は、『地域主導の地域づくり』という政策目的を実現する手段として、十分には機能していなかったと考えられるのである[1]」と、都道府県と市町村で、地方財政支援機能が機能しているかどうかについて反対の様相があることを示している。

　このように自治体を類型化し、その歳出行動を分析することは有意義であるので、本節でも、同様な方法論で分析することとする。

　ただし、以下では、人口規模で分類して比較することとした。人口の少ないグループでは規模の経済が働かず、一人当り行政経費の全国平均との比較が1より大きく、逆に大都市圏域のグループでは、人口密度の高さも含め規模の経済が働き、全国平均との比較は1より小さくなることが予想される[2]。このような人口規模に応じた規模の経済の

---

　1)　田中【2005】261-262頁。
　2)　中井【1998】は、市町村についての基準財政需要額を分析し、人口を横軸、需要額を縦軸にして、Ｕ字型のグラフになることを示した。ただし、都道府県については、Ｕ字型の右上がりの要因である行政権能の差はなく、右下がりになる。中井

第 2 章　地方財政の構造変化と計画・決算のかい離

効果を控除して考えてみたいからである。

　人口 1000 万人超の東京都を別格にして、グループを構成する道府県の数がほぼ同じになるように分けてみると、2008 年度までは人口 300 万人超の 9 道府県、人口 170 万人超 300 万人未満の 14 府県、人口 110 万人超 170 万人未満の 14 県、人口 110 万人未満の 9 県に分かれる[3]（人口減少の影響で、2009 年度以降若干の変化があり、2015 年度では、170-300 万人が 13 府県、110-170 万人が 13 県、110 万人未満が 11 県である）。それぞれ当該年度末（2013 年度以降は当該年の 1 月 1 日付）の住民基本台帳人口で割り算して一人当りの数字を求め、グループごとの単純平均値と全都道府県の平均値との比率を計算し、グラフ化してみた。すなわち、グラフがパラレルな状態であれば、人口規模による規模の利益を控除して、どの類型の自治体もほぼ同じ行動をとったことになる。逆に、たとえば、対全国平均比率が上昇傾向であるということは、このクラスの自治体が積極的な行動をとったことになる。

　まず、歳入、歳出の全体構造である。当然のことであるが、両者の傾向はほぼ同じ傾向となるので、グラフは歳入についてのみ掲載した（**図 2 - 1**）。

　【2007】でも確認されている。

3)　300-1000 万人：北海道、埼玉県、千葉県、神奈川県、静岡県、愛知県、大阪府、兵庫県、福岡県

　　170-300 万人：宮城県、福島県、茨城県、栃木県、群馬県、新潟県、長野県、岐阜県、三重県、京都府、岡山県、広島県、熊本県、鹿児島県。なお、2014 年度以降鹿児島県は 170 万人未満となった。

　　110-170 万人：青森県、岩手県、秋田県、山形県、富山県、石川県、滋賀県、奈良県、山口県、愛媛県、長崎県、大分県、宮崎県、沖縄県。なお、2009 年度以降に富山県が、2010 年度以降に秋田県が 110 万人未満となった。

　　110 万人未満：福井県、山梨県、和歌山県、鳥取県、島根県、徳島県、香川県、高知県、佐賀県。

　　なお、データは、『地方財政統計年報』の各年版の CD/ROM 版およびインターネット版とともに、2002 年までのデータは、三重県のホームページ（みえ DATA BOX）から取得した（現在の三重県ホームページからは削除されているようである）。

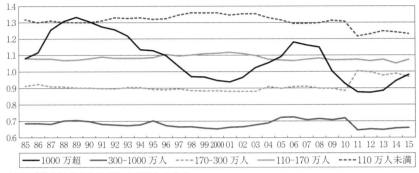

出所:『地方財政統計年報』各年版から作成。

図2-1　人口階級別都道府県1人当り歳入の推移

　なお、東京都には都区財政調整制度があり、特別区の区域についての住民税（法人分）と固定資産税は都の歳入として計上され、その一部が特別区に交付される。そのため、図2-1、図2-2、図2-8では、都区財調部分を歳入や地方税収、補助費等の金額から控除している。

　図2-1からまず明らかなのは、第一に90年前後と2007年前後の東京都の大きな変化が目立つこととともに、その他のグループではほぼパラレルになっていることである。第二に、規模の利益が働いて一番下位にいる300-1000万人道府県が2000年あたりから2011年まで、本書でいう「構造改革期」にはその比率を高めていることである。第三に、21世紀にはいったあたりから110万人未満の県で低減傾向がみられることである。第四に、2011年度で170-300万人の県で上昇しその後も上回りが見られることである。

　東京都の突出は、とくに、89年のピーク時には、全体平均の1.3倍の規模となっていた。この時期に限らず、人口が集中し、規模の経済がもっとも働いているはずの東京都において、全国平均値より大きくなる方向で突出しており、税源の集中があることが改めて明らかになった。

第2章　地方財政の構造変化と計画・決算のかい離

　東京都につづいて人口規模の大きい300万人超のグループを見ると、規模の経済を発揮して全国平均の7割程度のあたりを推移している（見方を変えると「極小な」経費での行財政運営であるとも言える）。90年前後のバブル期、2007年までの「構造改革期」において全国平均に近づいて比率が高まっているが、東京都と比べるとあまり顕著ではない。リーマンショック後、東京都は大きく比率を下げているが、このカテゴリーの道府県は東京都と比べてその影響はあまり顕著ではない。個人住民税の税源移譲は2005年からである一方、それ以前からの上昇傾向が見られる。なお、95年の阪神・淡路震災を経験した兵庫県も含まれているが、その影響もあまり顕著ではない。

　次に、2011年度で170-300万人の県で上昇していることは、東日本大震災の復旧過程における福島県の突出が影響している（宮城県も同じカテゴリーであるが、その突出の規模はあまり大きくない。また、170-300万人のカテゴリーに属する岩手県も同様に大きくない）。

　21世紀に入って以降の110万人未満県の低迷については、後述するように、繰入金の減少が大きく影響している。2000年代初頭は、全国平均の1.3から1.4あたりだったのが、2010年代はほぼ1.2倍あたりに落ちている。「構造改革期」には「貯金」をやりくりして行財政運営していたが、「競争の時代」には一息ついたことが予想される。

　続いて、歳入の主な項目ごとにその特徴を比較してみたい。

　地方税であるが、これは、規模の経済というより、地域の経済力、個人の所得水準や法人の所在などに大きく関係する項目である。図2−2を見ると、東京都の突出状況ははっきり見てとれ、バブル崩壊後でも3倍以上の水準をコンスタントに維持していることがわかる。

　次の300から1000万人グループであるが、バブル期こそ東京都に次ぐ位置を占めているが、それでも1.2倍程度であり、その後ほぼ平均の水準である。

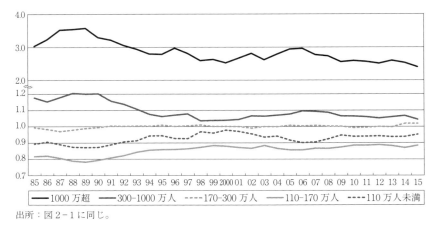

出所：図 2−1 に同じ。

図 2−2　人口階級別都道府県 1 人当り地方税の推移

　110-170 万人のグループの平均より、110 万人未満のグループの平均のほうが高いことは意外であったが、法人関係分の税収を 1 人当りで除算することからこうした逆転現象がでるのであろう。全体として、今日に至るまで東京都をのぞき 1 人当り地方税の格差の縮小傾向は続いていることに注目しておきたい。

　次に地方交付税を見る（**図 2−3**）。東京都が一貫してゼロであることもふくめ、線はほぼパラレルに推移している。地方交付税は基準財政需要額から基準財政収入額を引き算して計算され、基準財政収入額は地方税の増減を反映し、地方税を補完するといわれるが、**図 2−2** の地方税の動きと比べてみて地方税の増減が地方交付税の減増と逆の動きをしているようではなさそうである。

　2011 年の東日本震災における福島県（110-170 万人のカテゴリー）への特別交付税の配分により、そのカテゴリーの道府県で突出してはいるが、特定のグループが特定の年度で優遇されるような傾向は見られない。2000 年代後半以降の「競争の時代」期において、110 万人未

第 2 章　地方財政の構造変化と計画・決算のかい離

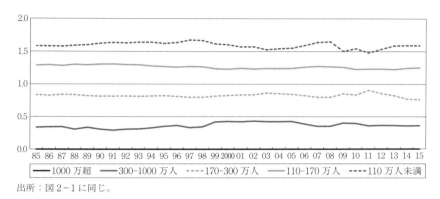

出所：図 2-1 に同じ。

図 2-3　人口階級別都道府県 1 人当り地方交付税の推移

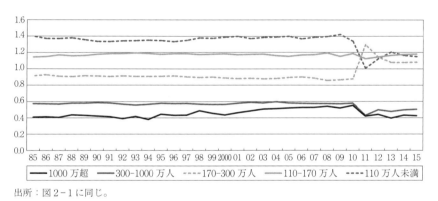

出所：図 2-1 に同じ。

図 2-4　人口階級別都道府県 1 人当り国庫支出金の推移

満の県において、2011 年度以降上昇傾向であり、人口減少対策を標榜する地方創生による「競争」の反映かもしれない。

　歳入項目のうち大きな比重をしめる国庫支出金については、2011 年までは見事なほどにパラレルである（**図 2-4**）。三位一体改革で国庫支出金の改革が行われたが、線形に大きな違いが表れていない。都道府県に対する国庫支出金は、教員の人件費に対する負担金とともに、普通建設事業に係る負担金・補助金も大きい（2000 年度決算においては

77

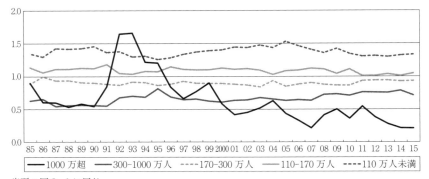

出所:図2−1に同じ。

図2−5 人口階級別都道府県1人当り地方債の推移

総額の42.0%の4兆507億円[4])。「構造改革期」には東京都が逓増傾向であるが、とくに特定の道府県グループへの厚い配分は行わなかったようである。

おそらく東日本大震災の影響で2011年の110-170万人県（福島県）が大きな配分を受けたことから、それ以外のグループにも大きな乱れがある。その後は110万人未満県を除きパラレルな構造に復活している。110万人未満県は、下降の傾向のように見える。この頃から地方創生の動きが見られるはずであるが、人口が小規模で、人口減少に見舞われている県に対して国庫支出金が厚く配分されてはいないのである。人口の小規模の県の方で「競争の時代」とはいえ競争にのらない選択をした可能性もある。

地方債についてである（**図2−5**）。東京都が、バブル崩壊以後の91年度から95年度にかけて平均を大きく上回る発行を行っている。臨海部開発などに充当されたのであろう[5]。以降、激しい凸凹はあるが低減

---

4) 『地方財政白書』（平成14年度版）66頁。
5) 80年代から計画された臨海部開発は、バブル崩壊直後の1991年4月の都知事再選前後には政治課題となっていたが、鈴木俊一知事再選をうけ本格的に着工がはじまった。1995年の青島幸男知事誕生時にも政治課題となっていたが、開発事業その

第 2 章　地方財政の構造変化と計画・決算のかい離

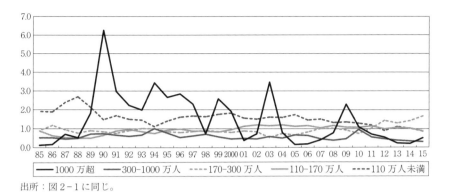

出所：図 2-1 に同じ。

図 2-6　人口階級別都道府県 1 人当り繰入金の推移

傾向を続け、現在では 0.5 以下の水準にまで落ち込んでいる。

そのなかで 110 万人未満の県では、90 年代後半から 2000 年代前半までの「構造改革期」で逓増傾向であり、その後は再び減少していく。地方債は、臨時財政対策債もその比重は大きいが、制度的には建設事業に充当するものであり、のちほど見るように普通建設事業費の傾向とリンクしている。「構造改革期」には、人口の小規模の県において公共事業による景気・経済振興が図られていたのであろう。

続いて繰入金の動向である（**図 2-6**）。東京都の乱高下は考慮しないこととするが、110 万人未満県で 90 年代後半の「構造改革期」から繰入金の比重を高めていることがわかる。とりわけ地方財源の配分が厳しくなっているなかで、基金からの繰り入れを行う財政運営を行ってきたものと思われる。2011 年以降の 170-300 万人の自治体の増嵩は、福島県の動向を反映したものである。

以上、歳入傾向をまとめると、人口の 1 割、財政規模でも都道府県財政のなかで 2 割を占めている東京都において、各項目の乱高下が目立つが、東京都以外のカテゴリーの道府県は、多くの項目でパラレル

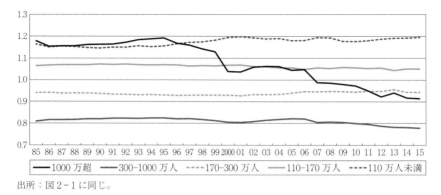

出所：図2-1に同じ。

図2-7 人口階級別都道府県1人当り人件費の推移

な線形を示している。ほぼ横並びの、地方財政計画どおりと言ってもいいかもしれない、財政行動をとっているのである。そのなかで、「構造改革期」には、人口の小規模の自治体で、地方債と繰入金でもって財源を確保している傾向があるようである。

続いて、歳出の傾向である。以下では、性質的分類の傾向で見ていくこととする。

まず、人件費である（**図2-7**）。人件費は、地方財政全体の歳出の3分の1程度を占め、また職員配置数は人口と比例せず規模の経済が働くものとされている。東京都の動きをのぞけば、ほぼパラレルになっている。110万人未満のグループで逓増傾向であるが、都道府県レベルでの人口減少は1985年国勢調査の秋田県、90年の青森県、和歌山県からはじまっており、人口減少傾向と職員の採用・退職には時間的ずれがあるから1人当り人件費が相対的に上昇したと考えることができる。

東京都は、かつては全国平均1.2レベルであったが、21世紀にはいって1.05、2010年あたりから1を割り込むようになった。地方公務員の給与も生活給を背景にしており、国家公務員であれば日本国内の

第 2 章　地方財政の構造変化と計画・決算のかい離

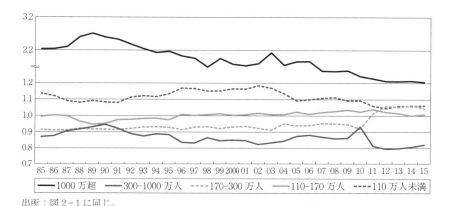

出所：図 2-1 に同じ。

図 2-8　人口階級別都道府県 1 人当り補助費等の推移

勤務地に応じて異なる物価を反映する地域手当が支給される。東京都の職員も同様の給与体系であり単価が減少することはあまり考え難く、職員配置数がこの 30 年間で逓減したと考えることができる。地方財政計画との関連でいえば、国の考える配置を上回って配置していた職員数が、国の考える配置数と同じか下回っての配置になったということもできる。

グラフの掲載は省略したが、扶助費についても同様に、東京都の動きを除いてほぼパラレルなものである。

制度的には、福祉関連法改正により、1993 年度から障害者や高齢者福祉等の事務が都道府県から市町村に移譲されたことや、2000 年の介護保険制度の導入などの制度変更はあるが、全体のパラレル傾向は変わっていない。

補助費等については（**図 2-8**）、都区財政調整分を控除してグラフ化しているが、それでも東京都は突出している。しかし傾向としては、最近に至るまで低減傾向であり、いわゆる補助金が減少していると考えられる。

81

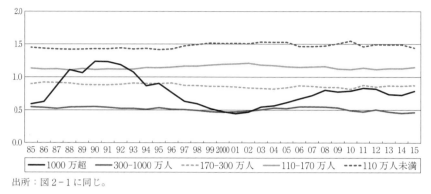
出所：図2-1に同じ。

図2-9　人口階級別都道府県1人当り普通建設事業費の推移

　バブル期においてと2010年に、300-1000万人の府県が上昇しているが、それを除くとほぼパラレルな傾向であるといえる。

　90年代後半以降の「構造改革期」には、110万人未満県で高めに補助費等の支出を行ってきたが、三位一体改革時期に急減した。ガットウルグアイラウンドによる農水関係の補助金などが、三位一体改革でカットされた影響が大きいと考えられる。

　公共事業費を見てみよう（**図2-9**）。95年1月の阪神淡路大震災などをはじめこの期間には大きな災害が相次ぎ災害復旧事業も大きいため、ここでは普通建設事業費に絞ることにする。

　公共事業は規模の経済が働くとされ、人口の少ない県がグラフの上にくる。また、東京都の動きを除けば、きれいにパラレルの線形となっている。人口類型でみれば、とくにどのような人口規模の団体が公共事業を行ったのかという特徴はなさそうである。「構造改革期」には、110万人未満県や110-170万人県が増加傾向で、人口の多い道府県では減少傾向がかろうじてみられる。人口の少ないところでの公共事業が継続されている。

　グラフの掲載は省略したが、単独事業について見ても、東京都を除

第 2 章　地方財政の構造変化と計画・決算のかい離

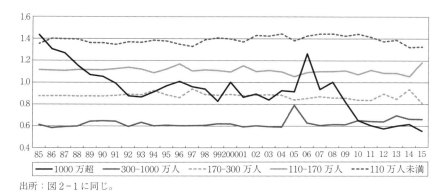

出所：図2-1に同じ。

図 2-10　人口階級別都道府県1人当り公債費の推移

いてはパラレルな傾向となっている。

　公債費は、基本的に建設事業に際して発行した地方債の返済の経費であり、その推移を見ると（**図 2-10**）、公共事業費そのものが大幅に変化した東京都を除いて、ここでもあまり顕著な増減が見られないパラレルな傾向となっている。

　2005 年の 300-1000 万人道府県の突出は、阪神・淡路大震災における兵庫県の突出が影響しているのであろう（おそらく一時借入金の返済利子）。また、翌年の東京都の突出は、東京都など大都市圏の都道府県で発行される市場公募債は、10 年一括返還が多く、1996 年の減税補てん債の償還が影響しているものと思われる。

　以上見てきたように、都道府県の人口類型別に歳入、歳出構造は、すべての期間において、構造を大きく変えたのは東京都であり、税収の増を背景に公共事業（単独）を積極的に展開した。これに地方債も大幅に増発された。また、「構造改革期」において、110 万人未満県が、繰入金を原資に補助費と公共事業の比重を高めていったようである。

　しかしその他のグループでは、若干の増減はあるが、基本的に線形はパラレルであり、特定の都道府県類型に有利や優遇が働くなどの操

83

作を地方財政計画では行っていないようである。地方財政計画との関連について言えば、地方財政計画がほぼ自治体全体の財政行動を規定しているともいえる。

そこで次節では、市町村についても同様に人口規模別に財政行動を見てみることにしよう。

2 都市決算の人口類型的特徴

都市（特別区含む）について、都道府県と同様、人口規模で分類し、比較することとした。特別区、大都市（政令指定都市）、中核市、特例市、30万人以上、10-30万人、5-10万人、5万人未満都市である（**表2-1**）。使用したデータは、『市町村別決算状況調』であり、96年から14年度まではCD/ROM版、以降は総務省ホームページからダウンロードしたものである。取得したデータの都合により、本書の時期区分のうち地方分権さきがけ期は検討できなかった。

都道府県と同様に、グラフがパラレルな状態であれば、どの類型の自治体もほぼ同じ行動をとったことになる。逆に、対全国平均比率が上昇傾向であれば、このクラスの自治体が積極的な行動をとったこと

表2-1　人口規模別都市数

	1996年	2000年	2005年	2010年	2015年
特別区	23	23	23	23	23
政令市	12	12	14	19	20
中核市	17	27	39	40	45
特例市	—	10	39	41	39
30万人以上	35	26	8	7	4
10-30万人	160	150	149	161	155
5-10万人	225	222	246	261	260
5万人未満	221	222	195	249	259

出所：『市町村別決算状況調』から作成。

第 2 章　地方財政の構造変化と計画・決算のかい離

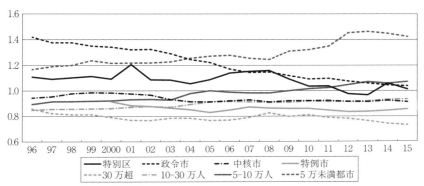

出所:『市町村別決算状況調』各年版(CD-ROM版、インターネット版)から作成。

図 2-11　人口規模別都市 1 人当り歳入の推移

になる。

　まず、歳入、歳出の全体構造である(都道府県と同様に、**図 2-11** は歳入だけ掲載した)。当然のことであるが、両者の傾向はほぼ同じ傾向となる。

　都道府県と同様に、一般に財政は規模の経済が働く一方、政令市や中核市(1996 年制度化)、特例市(2000 年制度化されたが 2015 年度から制度として廃止されたので、「施行時特例市」と呼ばれる)においては、都道府県の事務の一部を処理することとなっており、1 人当り経費は割高になるはずである。**図 2-11** を見る限り政令市の割高分は規模の経済による低さを補ってあまりあり、90 年代末には 1.4 倍をつけていた。その後、低減傾向となり、現在では 1 をわずかに超える程度である。中核市や特例市も事務の移譲があるが、財源(歳入)の移譲は少なく、規模の経済が働くことをうけ、1 より低いところを推移し

---

6)　政令市においては、自動車取得税交付金等において割増が、中核市と特例市においては、普通交付税の算定において態容補正が行われていることになるが、移譲される事務との比較において持ち出しがあるといわれる。中核市市長会「中核市税財源等の拡充・強化に関する提言」(平成 28 年 10 月 28 日)など。

85

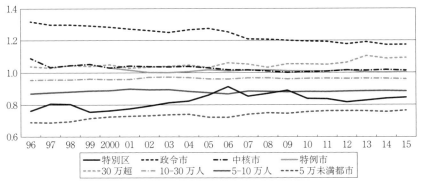

図 2-12　人口規模別都市 1 人当り地方税の推移

ている。ただし、人口 30 万人以上の都市よりは高いところに位置している。特例市にいたっては、人口 10-30 万人都市よりも低位である。

特別区は、1.1 前後のところを安定的に推移している。

人口 5 万人未満都市は、2000 年代後半の「競争の時代」に、増嵩傾向である。都道府県においても、110 万人未満の県においてはあまり顕著ではなかったが、都市の場合は、人口の少ない都市が積極財政を展開したのである。

続いて、歳入の主な項目ごとにその特徴を比較してみたい。

まず、地方税であるが（図 2-12）、規模の経済というより、地域の経済力、個人の所得水準や法人の所在などに大きく関係する項目である。政令市が他と比べて高いが、その傾向は逓減傾向である。特別区は下から 2 番目の位置につけているが、都区財政調整という制度があるからである（特別区ごとの都区財調の配分額が容易に入手できないので、都道府県とは異なり都区財調分を加えて検討することはしなかった）。それでも、2006 年にかけ上昇傾向であり、三位一体改革・税源移譲までは住民税が累進課税であったことが影響しているのだとす

第 2 章　地方財政の構造変化と計画・決算のかい離

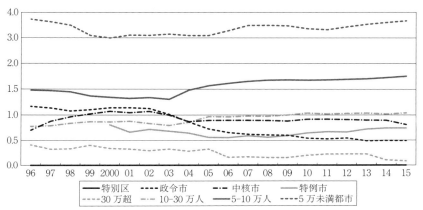

出所：図 2-11 に同じ。

図 2-13　人口規模別都市 1 人当り地方交付税の推移

れば、特別区への富者の集中があったということもできる。

　人口 5 万人未満都市の 1 人当り地方税収は全国平均の 70% 程度、人口 5-10 万人の 1 人当り地方税収は全国平均の 8-9 割のところを推移している。中核市や特例市が、ほぼ全国平均であり、線形もパラレルである。

　都道府県における東京都がほかと違う動きを見せていたのと同様に、政令市が突出しており、経済力を背景に法人市民税や固定資産税が大きな割合を占めているからであろう。

　次に地方交付税（普通交付税）を見る（**図 2-13**）。普通交付税については、線は基本的にパラレルに推移しているなかで、政令市は、都道府県の処理する事務の一部を処理していたこともあり地方交付税の配分も大きくほぼ都市の平均であったが、「構造改革期」の三位一体改革後の 2002 年あたりから低減をしている。この時期は地方税も低減傾向であったから、政令市については、一般財源の配分が冷遇されているといえる。

87

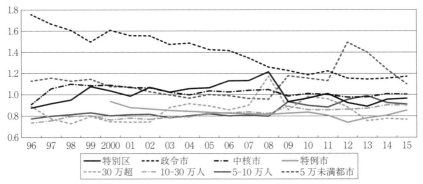

出所：図2-11に同じ。

図2-14　人口規模別都市1人当り国庫支出金の推移

　一方、5万人未満都市においては、地方交付税の配分が従来から厚い状態であったと思われるが、90年代後半の「構造改革期」には下降傾向であった。「競争の時代」にはいり、復調している。5-10万都市については、三位一体改革期に増加傾向である。平成の市町村合併算定替えなどの措置が影響している。

　図は省略したが、特別交付税については、特定のグループに厚い、薄いはなく、線形はパラレルである。5万未満都市については、90年代は平均の5倍程度だったのが2000年代には4倍程度と低迷していた。

　歳入項目のうち大きな比重をしめる国庫補助金についても（**図2-14**）、政令市の低迷が目立つ。従来から厚く配分されていた5万人未満都市であるが、「競争の時代」の2009年以降大きく跳ね上がっている。09年は08年の5兆7947億円から約2.5兆円増加の8兆2791億円である。これは、定額給付金などの低所得者・年金生活者への給付金の影響と思われる。制度としては全国一律の制度ではあるが、人口が少ない自治体では高齢化を反映して対象者が相対的に多いことが影響している。加えて、地域活性化・経済危機対策臨時交付金以降の歳出特

第 2 章　地方財政の構造変化と計画・決算のかい離

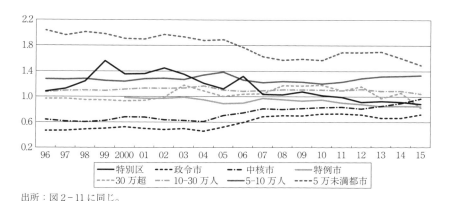

出所：図 2 - 11 に同じ。

図 2 - 15　人口規模別都市 1 人当り県支出金の推移

別枠を活用したさまざまな交付金の配分が行われた。「競争の時代」を背景に、積極的にこれを活用したのである。「構造改革期」に縮小した地方自治体への財源移転が、国庫補助金を通じても復元がはかられているのである。

　5万人未満、5-10万人都市のところで増加、特別区や30万人超都市で減じており、このあたり、国庫支出金が財政の再分配に寄与していると評価できる。

　都道府県支出金をみると（**図 2 - 15**）、政令市や中核市への県支出金は低位である一方、人口の少ない都市への県支出金は高位で推移している。しかし、2004年あたりからその格差は縮小傾向である。これは、一つには、県民税を徴収する市町村に対する「県税徴収取扱委託金」が増加したためである（2または3％から4％に上昇した税率にともなって増えた県民税収入に応じて配分される）。もうひとつは、5万人未満都市と、とりわけ5-10万人都市については、「競争の時代」に増嵩している傾向が見られる。都道府県によって様相は異なるかもしれないが、市町村への国庫支出金の配分を、都道府県でも後押しする方

89

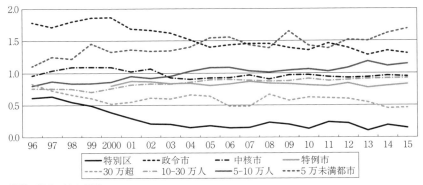

出所:図2-11に同じ。

図2-16 人口規模別都市1人当り地方債の推移

向で再分配の方向を強めている傾向があるのかもしれない。

　なお、都道府県支出金は県にとっては歳出、市町村にとっては歳入となるものの、純計で計上される地方財政計画上は数字がでてこない。総務省の内部資料では計数が計算されていると思われるが、地方財政計画と決算額との比較が容易にはできなくなっている。

　地方債についてである(**図2-16**)。規模の経済が働いているものの、地価を反映していることから政令市の建設事業費は平均より上であったが、逓減傾向である。かわって、規模の経済が働かない5万人未満や5-10万人の都市については逓増傾向である。特に「競争の時代」にはいり拡大していることは、先に国庫支出金について見たように歳出特別枠を活用した交付金を用いた事業が、人口の少ない自治体に厚く配分された(もしくは、人口の少ない自治体が積極的に活用した)結果と見ることができる。

　そのほか90年代に特別区や30万人超都市においては2000年まで低減傾向であるが、その後線形としてはパラレルに推移している。

　以上、歳入傾向をまとめると、多くの項目でパラレルであるなかで

第 2 章　地方財政の構造変化と計画・決算のかい離

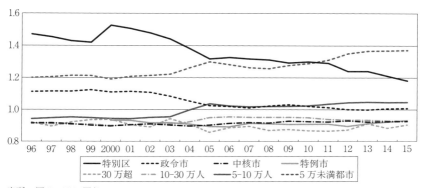

出所：図 2-11 に同じ。

図 2-17　人口規模別都市 1 人当り人件費の推移

政令市の低減傾向が目立ち、人口の 2 割、財政規模でも市町村合計の 4 分の 1 を占めている政令市における各項目の歳入の全国比率が低下している。また、「競争の時代」には、5 万人未満都市の国庫支出金と地方債の拡大により、歳入総額も拡大したことが見て取れる。

続いては、歳出の傾向である。都道府県と同様、以下でも性質的分類の傾向で見ていくこととしよう。

まず、地方財政全体の歳出の 3 分の 1 程度を占める人件費であるが（**図 2-17**）、特別区、政令市の傾向は「構造改革期」以降低減しているのが特徴的である。特別区は 90 年代には 1.5 程度だったのが 1.2 に、政令市は 1.1 程度だったのが 1.0 程度に落ちている。これらの大都市では、給与に地域手当が含まれており、職員 1 人当り単価は変わらないと思われるので、その減少傾向は、職員数の減少が大きく影響して

7）　多くの自治体で、公務員給与として国家公務員に準じた比率の地域手当が追加して支給される。勤務地の物価に対応して支給されるもので、横浜市、川崎市、大阪市で 16％、さいたま市、名古屋市 15％、相模原市で 12％、京都市、堺市、広島市、福岡市で 10％、仙台市、静岡市で 6％、札幌市、新潟市、浜松市、岡山市、北九州市で本給の 3％（国家公務員の場合）が支給される。

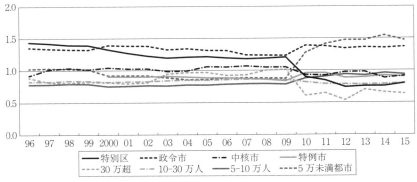

図 2-18 人口規模別都市1人当り扶助費の推移

いると考えられる。

　一方で、21世紀以降5万人未満と、5-10万人グループでも逓増傾向である。人件費は規模の経済が働くので1より大きいことは想定できる。人口減少にともなって職員数を減らせないことから相対的に割高になっていた影響も考えられるが、これらのカテゴリーの都市で、平成の市町村合併(合併特例法で市になる要件が3万人へ引き下げたことから、このカテゴリーの都市は、いくつかの町村が合併して新市になった)で職員数が増えたことが原因とも考えられる。その後「競争の時代」に至っても1人当り人件費が相対的に上昇している。

　扶助費について(**図2-18**)も、2009年度までは特別区の低減の動きを除いてほぼパラレルなものであった。扶助費は、生活保護費とともに、障害者福祉費(特に、2003年度の支援費制度)を典型に対象者への現金や現物給付であり、人口段階による規模の経済による効果は考えにくい。

　しかし「競争の時代」にはいり、リーマンショック対応や、消費税増税を見越した定額給付金や低所得者・年金生活者向けの給付金が制

第 2 章　地方財政の構造変化と計画・決算のかい離

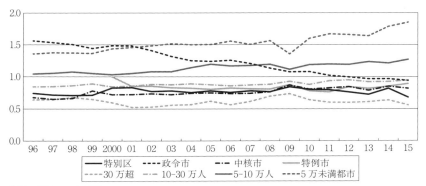

出所：図 2-11 に同じ。

図 2-19　人口規模別都市 1 人当り補助費等の推移

度化されたことから、高齢化が進み、地域経済の活力が失われている地域、その多くは人口の少ない自治体、とりわけ 5 万人未満都市の比率が急上昇している一方、特別区や人口 30 万人以上都市が急減している。「競争の時代」のもとで、独自の少子化対応策としてさまざまな現金給付（手当・祝い金や、保育料の無償化）の影響も考えられるところである。

　補助費等である（**図 2-19**）。補助費等は、住民や商工会等の経済団体、社会福祉法人などに対する補助金と、一部事務組合の負担金をあわせたものである。最近に至るまで政令市の低減傾向とともに、5 万未満都市をはじめ人口の少ない都市の逓増傾向に明確に分かれている。

　一般に住民や商工団体、社会福祉法人への補助金は、団体当りいくらで定められることが多く、人口規模の経済効果が少ないと考えられる。一方で、単独の自治体で実施するには効率的ではないから一部事務組合等広域処理を行っているにもかかわらず相対的に割高なのは、一部事務組合制度そのものが必ずしも効率的ではない可能性を示唆している。

93

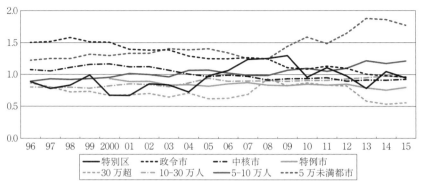

出所：図2-11に同じ。

図2-20　人口規模別都市1人当り普通建設事業費の推移

　2009年の変化は、リーマンショックもあり全体が大きく伸びた（2008年度3兆7885億円が5兆6797億円に増え、2010年には再び3兆8403億円に戻った）こととともに、その配分も雇用対策とされたことから、中規模以上の都市に集中したものと思われる。

　公共事業費を見てみよう（**図2-20**）。95年1月の阪神淡路大震災は検討期間外だが、この期間には大きな災害が相次ぎ災害復旧事業が大きいため、以下では普通建設事業費に絞ることにする。

　ここでも、政令市の低減傾向がみられる。90年代後半は全国平均の1.5程度の公共事業を行っていたのである。バブル崩壊後の景気対策は政令市の大きな投資にとって支えられていたともいえる。

　2000年代中葉に特別区が伸びて山となっている。東京への人口集中傾向もあり東京改造が始まっているのだろうか。

　「競争の時代」に入り、5万人未満都市が大きく伸びている。5万人未満都市ほどではないが5-10万人都市も漸増傾向である。この規模の都市自治体で、「競争の時代」に旺盛に公共事業を行ったものと考えられる。この時期は歳入について見たように、国庫支出金と地方債が大

第 2 章　地方財政の構造変化と計画・決算のかい離

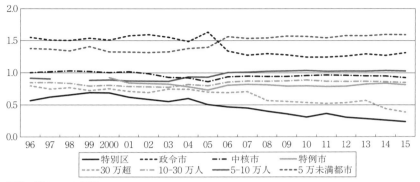

出所：図 2-11 に同じ。

図 2-21　人口規模別都市 1 人当り公債費の推移

きく伸びていた。「構造改革期」には伸びを止められていたことの反動もあり、歳出特別枠を利用したさまざまな交付金が、地方のこのクラスの自治体の公共事業に転化しているのである。

このように拡大した公共事業費の返済にあたる公債費の推移を見ると（**図 2-21**）、30 万人以上都市や特別区においては顕著な低減傾向である。政令市と 5 万人未満都市の順位が逆転したほかパラレルな傾向となっている。

積立金をみると（**図 2-22**）、特別区の乱高下は例外的なものとするも、人口 5 万人未満都市において「競争の時代」に大きな山がある。歳出特別枠を普通建設事業費に充当したと同時に、初期には基金にためておく行動をとったのである。

以上見てきたように、市町村についても人口類型別に歳入、歳出構造を分析したところ、90 年代以降、政令市はほとんどの経費で低減傾向であり、5 万人未満都市の逓増傾向もみられる。また、2010 年代の「競争の時代」において、5 万人未満都市の普通建設事業費の逓増は、国庫支出金の伸びとリンクしており、歳出特別枠として設けられた、

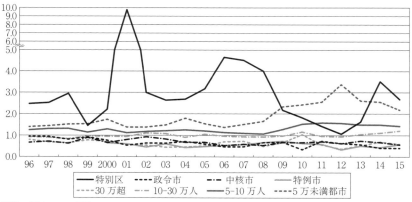

出所：図2-11に同じ。

図2-22 人口規模別都市1人当り積立金の推移

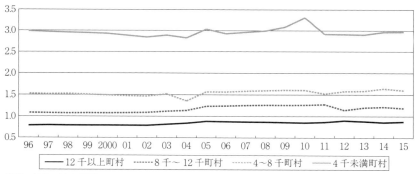

出所：図2-11に同じ。

図2-23 人口規模別町村1人当り歳入合計

人口減少対策関係の補助金が集中的に配分されたものと考えられる。

つづいて町村についても人口別について簡単に見てみよう（**図2-23**）。用いたデータは、都市と同様に『市町村別決算状況』から1996年度以降のものである。

歳出のグラフは省略したが、規模の経済が働くので人口の多い町村のほうが下位に位置し、人口の少ない町村が上位にくる。イレギュラ

第 2 章　地方財政の構造変化と計画・決算のかい離

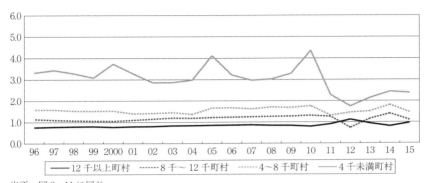

出所：図 2-11 に同じ。

図 2-24　人口規模別町村 1 人当り国庫支出金

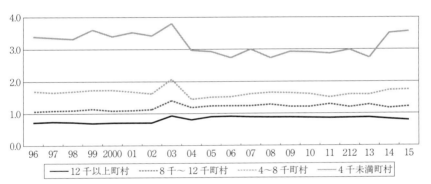

出所：図 2-11 に同じ。

図 2-25　人口規模別町村 1 人当り地方債

一な年がいくつかあるが、ほぼパラレルな線形となっている。これはグラフの掲載は省略した費目においてもあまり顕著な違いは見られないのである。

そんな中で、「競争の時代」の途中から線形に乱れが生じている。国庫支出金は**図 2-24**、地方債は**図 2-25** である。

これらは、歳出の普通建設事業（**図 2-26**）とはリンクしていないようである。むしろ、「競争の時代」の初期こそ、普通建設事業の増嵩

97

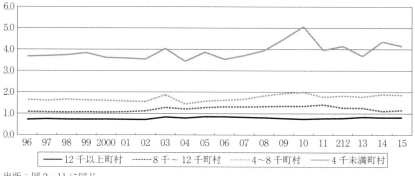

図2-26 人口規模別町村1人当り普通建設費

があったが、それが止まったものとみることができる。第1章で見たように、「構造改革期」に財源が抑制されたため公共事業が縮小した。「競争の時代」で拡大した財源はまずもって公共事業として使われ、地域経済を下支えしようとしたのであろう。しかし、それは長くは続かなかったのである。

なお、都市においては人口の小規模のところで扶助費の増加が見られたが、町村においてはそうではなかった。

3 計画・決算のかい離

21世紀初頭の三位一体改革などの地方財政改革論議のなかで、地方財政計画と決算のかい離が指摘された。それは、地方財政計画で歳出として予定されるものの、日本の地方財政の現状では、その財源は地方税や国庫補助金では足りず、地方交付税(さらに、地方財政対策という一般財源の加算)でまかなうとされた経費が、現実の決算では支出されていないことを問題とするものである。[8] その後、地方財政計画

---

8) 谷垣禎一「当面の地方財政計画の改革について」(http://www.keizai-shimon.go.

第2章　地方財政の構造変化と計画・決算のかい離

で計上された投資的経費が経常経費に充当されているという実態については、地方財政計画と決算の一体的かい離の是正がはかれられているとされている。[9]

　第1章で述べたように、地方財政計画の歳入としては地方税や地方交付税などの一般財源も含まれており、独立の法人格をもつ地方自治体が歳出を決定することから、じっさいの地方自治体における歳出が、地方財政計画とはかい離する可能性はそもそもある。[10]

　かつて80年代の臨調・行革路線のもとで、地方公務員給与は地財計画を上回る支出が行われている、地方公務員の給与費は引き下げるべきだという主張があったという。当時も、現在と同様、「国の財政再建のために、地方財政に対する国の財政負担をできるだけ抑えようとする国の意図」があったとされ、「地方財政計画の果たすべき地方財源の保障という役割を回復、強化し、統制手段としての側面を払拭することが必要」だとする反論がなされたところである。[11]

---

　jp/minutes/2004/1022/item9.pdf）では、こうした過大計上が7-8兆円あるとされている。これについては、総務省などからの反論がなされている（麻生太郎「谷垣議員提出資料に対する見解」（http://www.keizai-shimon.go.jp/minutes/2004/1022/item10.pdf）。

　　また、2010年代に入っても、とくに地方創生政策に関連して、地方財政計画で計上した地方創生政策関連事業費が使い残され、地方自治体の基金になっているという指摘もある（2017年5月10日開催の財政制度等審議会資料 https://www.mof.go.jp/about_mof/councils/fiscal_system_council/sub-of_fiscal_system/proceedings/material/zaiseia290510/02.pdf）。なお、その結果積み増しされたとする基金について、自己財源の多い東京都や大都市の基金が多額になっていることなど総務省側の的確な反論がある。

9)　鎌田【2005】37頁では、2005年度の地方財政計画では、投資的経費（単独）7000億円減（一般財源ベースで3500億円減）と経常的経費（単独）3500億円増と是正がはかられた。2006年度の地方財政計画では、同様に1兆円増、2007年度は6000億円の是正がはかられ、かい離の解消がされたとされる。

10)　地方財政計画と決算のかい離について実証的に分析したものに、中井英雄【1999】、平岡和久・森裕之【2005】、森・平岡【2006】などがある。

11)　神奈川県【1984】28頁。

とはいえ、どのような歳入や歳出項目でかい離があるのか、いつの時点からそれは大きくなり、あるいは縮小したのかは、国・地方財政関係を検討するうえで有効であろう。

　そこで地方財政計画と普通会計決算（純計）の比較を歳入項目別に行うこととしたい。毎年の地方財務協会編『地方財政要覧』に「地方財政計画と決算の比較」という表が掲載されており、「地方財政計画額（①）」に、修正試算と決算との計上方法の差異を考慮した「修正後計画額（②）」が掲載されている。さらに、「決算額（③）」に前年度からの繰越と次年度への繰越と計画との計上方法の差異を考慮したうえで、計画対象外を控除して、「再修正後決算額（④）」を求めている。**図2－27**（歳入）と**図2－28**（歳出）は、この④と②の比率を経年的にみたものである。[12]

　図2－27を見ると、歳入合計のかい離は、1990年あたりと2010年代に山がある。本書でいう「地方分権さきがけ期」と「競争の時代」である。

　かい離割合の大きな項目は、雑収入と使用料・手数料である。[13]金額（2000年の地方財政計画）では、雑収入は5兆円、使用料・手数料は1.5兆円の規模である。

　かい離割合はさほど大きくないが地方税は最大の収入科目である。法定外税や超過課税については、地方財政計画の枠外であるので元資料では調整され計上されていないと思われる。地方税についてみると、

12）「修正試算」の具体的な方法は記されていない。また「計画対象外」も、歳入科目のうち、地方税の超過課税分だろうと想定されるが、歳出分にもかなりの金額が計上されている。具体的な計算方法は不明である。

13）　地方財政計画では分担金・負担金が含まれないようである。これは、他の地域等の住民より上回る歳出経費について、受益者が分担するという分担金・負担金の性質からは当然のことだろうと思われる。使用料・手数料について、計画より上回る歳入ということは、住民サービスに対する対価を国が考えている以上に住民等が支払っていると考えられる。

100

第2章　地方財政の構造変化と計画・決算のかい離

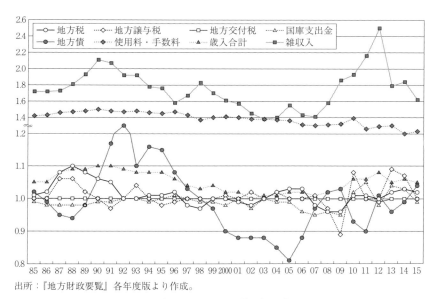

出所:『地方財政要覧』各年度版より作成。

図2-27　地方財政計画と決算（歳入）のかい離

　90年代では2兆円程度の歳入超過となっていた。おそらくバブル経済による収入増であり、これは、純粋に「自由な」財源と考えることができる。ただし、その後は2000年度に計画と決算がほぼ同額になり、「競争の時代」には、リーマンショックの影響もあり決算が計画を下回る年度もある。

　地方債については、92年度をヤマにした大幅かい離がみられる。2000年代をはさむ「構造改革期」には、計画より大幅に地方債発行が少なくなるものの、2005年度を谷にして（計画の80％程度しか発行されない）「競争の時代」には、再び一致してくる。公共事業が構造改革の対象となるとともに、地方交付税をはじめ一般財源がタイトになり、事業実施のための財源ねん出も難しかったことを反映している。その後「競争の時代」には、歳出特別枠などの財源保障策がとられ、計画

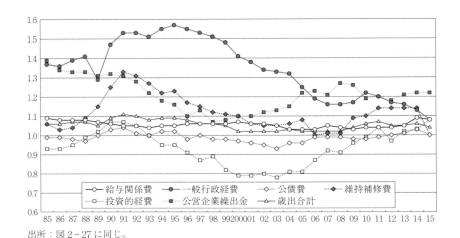

出所:図2-27に同じ。

図2-28 地方財政計画と決算(歳出)のかい離

通りに執行する方向でかい離幅が縮小していった。

続いて、決算(歳出)について見てみる。**図2-28**で明らかなように、一般行政経費で決算が計画を上回る状況が常態化しており、その一方、投資的経費では決算が計画を下回っている(90年代前半に、決算が計画を上回る時期がわずかにあるだけである)。3区分でいえば、「地方分権さきがけ期」や「競争の時代」において、一般行政経費のかい離幅が大きくなるのである。三位一体改革で、計画決算かい離の是正が図られたとされるが、90年代後半の「構造改革期」からかい離幅は縮小傾向である。

構造改革期にはかい離幅が縮小し、「競争の時代」に拡大した項目には、公営企業繰出金(地方財政計画では2002年には3兆2000億円程度であったものが、近年2兆6000億円程度にまで下がっている)がある。公営企業繰出金とは、病院事業や鉄道等の建設費にかかる地方債の償還費についてと、それら公営企業等の収益的収支分(いわゆるランニングコスト)への繰出金のことである。地方債の償還にあたって

第2章　地方財政の構造変化と計画・決算のかい離

は制度的に元利償還金の一定部分が交付税措置されるが、このような
法定繰出分は地方財政計画に計上されているだろうから、地方財政計
画上の給付費の水準以上に、決算が上回ってしまったということであ
る。病院会計や国民健康保険における、一般会計による法定外繰入れ
（いわゆる赤字補てん）の繰出金も影響していると思われる。「構造改
革期」にはそのような余裕はなかったが、「競争の時代」にはいり繰出
金を増やす余裕ができたともいえる。

　2000年代にはいり三位一体改革の中で、決算計画のかい離の是正が
声高に主張され、また是正が図られたとされる。一般行政経費のかい
離幅の縮小は、第1章で見たように、地方財政計画上の一般行政経費
そのものが拡大してきているからである。また、投資的経費にかかわ
ってのかい離は是正されてきているが、投資的事業そのものが「構造
改革期」から低迷してきたからである。

　そこで一般行政経費について、その歳出の実額を中心に傾向を見て
いくことにする（表2-2）。ただし、『地方財政要覧』で結果のみ明示
されているような調整は、筆者のような部外者には不可能なので、決
算における生データを用いることとする。

　一般行政経費は、性質的歳出の物件費、扶助費、補助費等、投資及
び出資金、貸付金にあたり、歳出全体の4分の1から近年では4割近
くを占める。しかも扶助費こそ国庫支出金が財源の一定割合を占める
が、ほかの経費では一般財源を充当することになっている。

　扶助費は大きな経費であり、伸び率も大きいが、その大部分は、国
庫補助を伴うものである。扶助費は、伝統的には生活保護費が主要な
ものであったが、21世紀に入り、障害者自立支援法の前史である「支
援費」制度のもとで、障害福祉サービスの本人負担以外は扶助費とし
て計上されることになり、金額も増えていった。その後、児童手当の
対象年齢の引き上げや給付額も増えたこと、2010年から実施された子

103

表2-2　一般行政経費の主な内訳の推移（純計ベース）

（単位：億円）

	1985 年	1990 年	1995 年	2000 年	2005 年	2010 年	2015 年
物 件 費	37,697 (100.0)	51,681 (137.1)	73,543 (195.1)	77,022 (204.3)	77,733 (206.2)	80,203 (212.8)	93,153 (252.4)
扶 助 費	37,241 (100.0)	41,665 (111.9)	55,251 (148.4)	60,964 (163.7)	76,678 (205.9)	112,373 (301.7)	133,343 (358.1)
補 助 費 等	30,039 (100.0)	44,303 (147.5)	60,117 (200.1)	66,266 (220.6)	72,348 (240.8)	94,042 (313.1)	98,672 (328.5)
投資及び出資金	2,377 (100.0)	4,918 (206.9)	7,433 (312.7)	5,443 (229.0)	4,370 (183.8)	4,105 (172.7)	3,432 (144.4)
貸 付 金	28,850 (100.0)	38,819 (134.6)	67,781 (234.9)	59,892 (207.6)	50,432 (174.8)	65,200 (226.0)	46,213 (160.2)
歳 出 合 計	562,935 (100.0)	784,732 (130.5)	989,445 (175.8)	976,164 (173.4)	906,973 (161.1)	947,750 (168.4)	984,052 (174.8)

注：下段、（　）は 85 年を 100 とする指数。2015 年は東日本大震災分を含む。
出所：『地方財政白書』『地方財政統計年報』各年版から作成。

ども手当も扶助費である。単独事業であるが乳幼児医療費の助成も扶助費として計上される。障害者や子ども関連の手当支給のため扶助費は大きく伸びている。3区分でみると「競争の時代」に急拡大しているが、このような政策的な背景がある。

　物件費について見てみる。物件費は、市区町村に多い歳出項目であり、細目でいえば、委託料が大きな比重を占めている。増え続ける対人サービスを、直営ではなく委託で行っていることを反映している。95年以降その伸びは鈍化しているが、85年度3.6兆円、2000年度7.7兆円と2倍の増となっており、これは地方財政全体の伸び率を上回っている。「地方分権さきがけ期」として、さまざまな行政経費が盛り込まれたのであろう。その後、「構造改革期」には、ほぼ前年度なみの金額が計上されていたが、「競争の時代」には2010年には8兆円を突破し、2015年度では9兆3000億円規模となっている。

　物件費のうち委託料についてみると、純計ベースで85年の1兆円

第2章　地方財政の構造変化と計画・決算のかい離

（物件費全体に占める割合［以下同じ］30% 程度）が 2000 年には 3.6
兆円（50% 程度）、2015 年では 5.5 兆円（60% 程度）と、金額・構成
比とも増加している。

　施設の管理経費（直営・委託問わず）は、地方財政計画でも計上さ
れるべき経費であり、毎年の「地方交付税大綱」ではたしかに「道路、
街路、公園、下水道、社会福祉施設、清掃施設等住民の生活に直結す
る公共施設の整備及び維持管理に要する経費の財源を拡充すること」
があげられており、基準財政需要額に算定されているものもあるよう
だが、毎年度の『地方交付税制度解説』では社会福祉施設の施設管理
費の算定項目は実は少ない。¹⁴⁾このような施設の維持管理にかかる経費
等は、地方財政計画には実態にあったものとして計上されていないも
のと思われる。民間委託や指定管理者制度、トップランナー方式など
の「安上がり」が目指されるのであるが、逆にいえば、地方財政計画
に明示的に含まれず、大づかみで算定されているから「安上がり」の
努力をするわけである。

　補助費等を見る。補助費等とは、大きくは、住民・団体向けの補助
金と、都道府県から市町村への補助金、一部事務組合に対する負担金
に分けられる。都道府県から市町村への補助金のなかには、地方消費
税交付金や自動車取得税交付金など、市町村に税収等の一定割合を交
付するものも含まれる。これら都道府県から市町村への交付金や補助
金、一部事務組合の負担金を除いた純計ベースでみると、85 年度 3 兆
円が、2000 年度 6.6 兆円と倍増（地方財政全体の伸びより大きく、他
の一般行政経費と同程度の伸びである）しており、その傾向は「競争

---

14)　市町村分について『地方交付税制度解説（単位費用篇）』各年版から、標準団体
　　運営経費を見ると、下水道会計への一般会計負担分や、清掃費の焼却炉修繕費は毎
　　年計上されている。社会教育施設は、2001 年度に初めて管理運営にかかる委託経費
　　が計上された。社会福祉施設では施設の運営経費にかかる細目が存在しない。従来
　　は「その他の諸費」、現在は包括算定経費に含まれているのであろう。

の時代」になって一層伸び、2015 年度は 9.8 兆円にまで増えている。

　貸付金は地方財政計画では内訳が計上されているため、貸付金とそれ以外でかい離幅を計算することができ、一般行政経費のかい離の半分程度は貸付金が占めていることがわかる。90 年あたりから貸付金のかい離幅が拡大し、90 年代後半には、貸付金のかい離幅の伸びはとまっている。その後 21 世紀にかけかい離幅は縮小している。

　貸付金の歳出規模は、85 年 3 兆円、2000 年 6 兆円の規模で、地方財政計画では 1 兆円超のところで据え置きされているため、差し引き 2-4 兆円のかい離となっていた。「構想改革期」には低減傾向となり、2015 年度の決算は 4 兆 3000 億円程度となっている。貸付金の多くは信用保証協会等を通じた中小企業融資であり、貸し倒れもあるだろうが、基本的に貸付金が返済され、歳入で見た「雑収入」として収入される。

　以上のように、計画・決算かい離幅の大きな一般行政経費の主要な費目のうち、物件費（委託料）については、経費は拡大しており、わけても施設管理にかかる経費でかい離しているものだと思われる。また補助費等に含まれるが、地方財政計画や決算の純計ではでてこない道府県による市町村補助や一部事務組合負担金が数兆円弱の比重を占めており、個別自治体にとっては、この負担も大きなものがあろう。一部事務組合等は、個別で実施するよりも複数の自治体で実施したほうが効率的であるとして結成・運営されることが多いが、「安上がり」にはなっていないのかもしれない。

　80 年代後半からの「地方分権さきがけ期」において、地方分権を背景に、ハード事業に限らず、単独事業は拡大した。とくに市町村で、社会福祉や保健衛生の充実がはかられた。一般行政経費は拡大するがその財源は税収増でもあった。「構造改革期」でも、一般行政経費の拡大傾向は続くが、財源に限りがあるなかで、投資的経費からの付け替えが行われた。「競争の時代」にはいり、再び一般行政経費は拡大する。

第 2 章　地方財政の構造変化と計画・決算のかい離

このような地方自治体によるじっさいの単独事業の拡大をうけ、地方
財政計画では一般行政経費が増額されるべきで、じっさい増額もされ
てきた。

小 括

　本章の課題は、一般財源で保障されたことが自治体での決算の傾向
にどのような違いをもたらしているのかを検討し、違いがあるとすれ
ば、第 1 章での 3 つの時期区分での違いがあるかどうかを確認するこ
とであった。

　第 1 節では都道府県決算について、第 2 節では都市と町村の財政に
ついて、人口規模別に類型分けして財政行動の傾向に違いが見られる
のかどうか検討した。その結果、都道府県決算について見ると、東京
都が他と大きく異なる動きを見せている他は、人口規模別にみて大き
な違いはなかった。しかし「構造改革期」において、人口の少ない県
で、繰入金を原資にした補助金と普通建設事業費の拡大がみられる。

　都市財政について見ても、政令市が低減しているほかは、人口規模
による違いはあまりなかったが、「競争の時代」において、5 万人未満
都市で、国庫支出金の伸びとリンクして普通建設事業費が伸びている。
歳出特別枠として設けられた、人口減少対策関係の補助金が集中的に
配分されたものと考えられる。一方、町村については、人口規模別に
顕著な違いはなかった。

　第 3 節では、2000 年前後に問題になった計画・決算のかい離問題
について、かい離幅の大きいとされた一般行政経費（性質的歳出では、
物件費、補助費等）の傾向を分析した。たしかに一般行政経費はすべ
ての期間で拡大しているが、「構造改革期」においては伸び率が小さ
くなっている。一般行政経費の伸びを地方分権方向だと考えると、「地

107

方分権さきがけ期」と「競争の時代」には分権を広げる方向での歳出傾向であった。しかし、第5章で後述するように、そこがまさに「競争」の結果なのである。「頑張る自治体」と「頑張らない」自治体が区別され、しかも町村においてはそもそも頑張ってもいないのである。

　このように、一般財源で財源保障されたといっても、平均的に見ればほとんどの自治体で財政行動をあまり変えてはいないのである。

第 3 章

定住政策と地方交付税

　地方分権のもとで、地域の活性化政策が、基礎自治体の役割として
これまで以上に求められている。人口減少社会のもと、なおさらであ
る。振り返ってみると、1980 年代後半以降、過疎債や地域総合整備事
業債などのハード事業とともに、少子化対策の出産祝金等 UJI ターン
対策と呼ばれる施策が、「一村一品」「村おこし」や第 1 次産業従事者
の担い手対策としてのソフト事業としても進められてきた。産業・雇
用と関連づけた人口増を目的とする施策を、本章では定住政策という
こととする。[1] 定住政策は、自治体の自主性と裁量が発揮できる地方分
権にふさわしい事業であり、この検討を通じて地方分権にふさわしい
財源のあり方を考えることにもなる。

　本章の課題は、これまでの定住政策についての財政保障の仕組みを
振り返ることである。

　まず第 1 節で 1990 年代以前の定住政策について概括したのち、第
2 節では、定住政策の成果と限界について、定住住宅建設を例に検証
する。第 3 節では、産業振興や住宅建設のみで住民は定住を決断する
ことはなく、定住政策の総合化が求められていることを先進事例や各
種のアンケート結果から明らかにする。第 4 節では、90 年代の公共事

---

1)　したがって、定住政策は、子育て世代など就労現役世代を対象とするものとして
　考えることとする。「福祉のまちづくり」や「日本版 CCRC」など年金生活者の移住
　等は本稿では考慮しない。短期的な人口移動ではなく、中長期的な人口増につなが
　る地域振興策を考えたいからである。

業について「地域総合整備事業債（地総債）」を中心に振り返る。最後に、「起業の島」島根県海士町の取組みと、ワーキングホリデーを活用し少子化対策にもつなげている宮崎県西米良村を紹介することで、定住政策の総合化と財源のあり方についての課題を考えることとしたい。

1　定住政策とその期待

　国土庁過疎対策室編『過疎対策の現況』（『過疎白書』）において、「定住」は、平成3（1991）年度版以降の版から、章の項目としておこされている。90年代初頭、いくつかの道県で、それまでは社会減であった人口減少について自然減が見られるようになり、その対策が急務となっていた。少子化の象徴とされた「1.57ショック」は、1989年のことである。

　定住政策、とくにUJIターン施策については、地域活性化センターの調査で、延べ2240事業が集約されている。これを、都道府県、市町村の施策ごとに分類したのが表3-1である。都道府県は新規就業関連など産業関連施策が多く、一方、市町村は住居関連施策が多く、続い

表3-1　都道府県と市町村のUJIターン施策

（上段：件数、下段：%）

	新規就農関連	起業化関連	その他就職関連	住居関連	体験制度	情報提供	UJIターン奨励金	その他
都道府県	191 （44）	101 （23）	60 （14）	39 （9）	30 （7）	82 （19）	6 （1）	17 （4）
市 町 村	396 （22）	116 （9）	143 （8）	566 （31）	126 （7）	260 （14）	346 （19）	147 （8）

出所：地域活性化センター、UJIターンデータベース（http://www.chiiki-dukuri-hyakka.or.jp/data/uji/index.html）より作成。同データベースは、同センター『UJIターンガイドブック』2000年、掲載の事例を集めたもの。

110

第3章　定住政策と地方交付税

表3-2　市町村（過疎自治体）の施行年代別定住政策

（単位：件数）

		86年度以前	87年度	88-89年度	90年度	91年度	92年度	93-95年度
結婚	結婚祝い金	158	14	32	42	38	71	93
祝い金	仲人報奨金	179	22	60	43	32	40	34
出産 祝い金	出産祝い金	115	10	26	61	76	90	113
	うち1子	78	7	16	37	20	56	
	2子から	4	−3	4	−1	10	2	
	3子から	30	4	7	18	46	29	
	4子以降	3	3	−2	7	0	3	
育児手当		41	21	−10	24	31	40	34
入学祝		19	19	−18	23	−14	27	6
就職	新規学卒者	31	3	9	18	32	32	30
奨励金	新規就労者	18	11	−3	17	9	23	34
定住 奨励金	Uターン	12	4	3	23	32	39	92
	転入定住者	10	5	7	20	32	44	
	引越し	2	0	1	1	5	−4	
住宅 優遇	若者住宅	2	3	3	20	10	28	58
	家賃	11	5	0	15	0	19	27
	宅地貸与	16	5	0	12	5	16	16
	住宅建設費補助	36	−5	22	7	21	18	49
その他	通勤費補助	6	9	−3	12	−4	12	16
	海外研修	36	23	40	147	42	83	—
	その他	35	5	16	30	32	26	14

注：表中のマイナスは、元資料の数字を単純に差し引いて算出したため。例えば、「出産祝い金第
　　2子から」の場合、平成3年版では「86年度以前」4、平成4年版では、「87年度以前」1と
　　なっていることから、87年度は「−3」とした。
出所：国土庁『過疎対策の現況』平成3年版102頁、平成4年版109頁、平成7年版110頁から
　　作成。それぞれ91年10月の過疎自治体1165、92年10月の過疎自治体1199、95年10月
　　の調査（調査の母数は不明）による。

て新規就農支援やUJIターン奨励金などが多い傾向となっている。

　これを、**表3-2**で事業開始年代別に見ると、各種祝い金など昭和年代から行われている事業もあるが、多くの事業は平成に入ってから実施されていることがわかる。

　さて、このような取り組みを可能にした財政的条件について見ていくこととする。

111

定住政策そのものについては、バブル時期には都市圏域での新婚者への家賃補助等の事例が見られるが、多くは、自然減・社会減に見舞われている「過疎」地域で行われている。

　東京など大都市圏の人口が増える一方で、過疎化が進んでいく。これを打開するには、それまでの国の政策の延長であってはならないとする反省がある。たとえば、田代【1999】は次のように述べている。「過疎地域それ自体の底上げではなく、拠点地域の外部経済効果による過疎地域の引き上げを狙った全国総合開発計画は、過疎過密を激化させることに終わった。それに対し山振・過疎法は、過疎地域それ自体を政策対象として、産業基盤や生活基盤のハード整備に力を尽くしたが、過疎化を食い止めるには程遠かった」。ここから、「過疎化の根本原因は、農工間所得格差を根底とする地域間所得格差」であり、「それを打破する道は、地域内での所得確保機会の創造であろう[2]」という政策課題が導かれる。こうして、雇用も含めた所得機会の拡大が求められてくるようになる。

　一方、保母【1996】によると、1980年代以前から多くの自治体で、工場誘致をはじめ地域活性化事業に取り組んでいるが、その効果は、地域のアピールにとどまっているという[3]。定住政策との関連では、「人口減少の歯止め・人口増加」を676自治体が目的としているが、あまり効果をあげていない。「現行の活性化事業が現実に雇用効果や生産拡大などの経済効果を生み出す力が弱い[4]」からである。またその地域活性化政策の財源としては、地方交付税、補助金、過疎債という外部からの資金供給を希望する傾向があるという。ただし、「地方交付税も中山間地域に不利に働く側面を持っている。それは、第一に、地方

---

　2)　田代【1999】188-189頁。
　3)　保母【1996】第5章。全国の中山間地市町村1793団体の市町村長へのアンケート（1995年10月実施。有効回答997件）からの分析がなされている。
　4)　保母【1996】216頁。

112

第3章　定住政策と地方交付税

交付税を算出する基礎となる基準財政需要額の算定に人口を指標（測定単位）とする行政項目が多くあるため、過疎化による人口減少に伴って基準財政需要額が縮小されるからである。また、第二に、基準財政需要額の単位費用や補正計数が毎年度のように変更されていて、その影響が中山間地域に不利に働く場合があるからである」[5]。このように、活性化政策をとらなければならない中山間地域の自治体にとっては、財源面での制約から雇用や経済活性化策が十分にとれず、人口増や税収増には結びつかなかったことが多かったのである。

　そうした地域の現状を背景に、90年代後半までは、地域振興・地域づくりのための経費が地方財政計画に計上されるようになった。

　この嚆矢は1988年度補正予算での「自ら考え自ら行う地域づくり事業（いわゆる、ふるさと創生1億円事業）」である。これは、それぞれの地域における多様な歴史、伝統、文化、産業等を活かし、独創的・個性的な地域づくりを自ら考え自ら行う事業で、交付税として1億円を全市町村に配分した事業である（1988年度の補正予算で2000万円、1989年度の当初予算で8000万円が基準財政需要額として算定された）。使途としては、地域に必要なソフト事業として、人材育成や、地域のイメージづくり、観光振興、伝統文化の継承等が例示され、市町村が自主的に考えるものとされた。

　自治省は、つづく91年から92年の2か年度間、「地域づくり推進事業」をすすめた。「ふるさと創生事業」はあくまで臨時的措置であったが、これを契機とする自主的・主体的な地域づくりを永続的なものに発展させるためのものであった。地方財政計画上は3300億円計上された。その配分は、標準団体行政経費として1億2000万円を計上し、自治体の人口による段階補正と、第一次産業就業者比率や65歳以上人口比率を用いた経常態容補正をくみあわせて、人口の少ない自治体でも

5)　保母【1996】232頁。

113

6000万円程度の配分がされるようにされた。1993年から1995年にかけては、「（第2次）ふるさとづくり事業」として、同額の3300億円が地方財政計画に計上され、地方交付税の配分も継続した。こうして、「市町村の規模にかかわらず一律1億円を配分することは、結果として過疎地域の小規模市町村に対し、特に手厚い配分になっている[7]」制度がつくられた。

　ところが、その後、1996年度からの「（第3次）ふるさとづくり事業」において、ソフト事業費は段階的に縮小されていく。これは、「臨時的・特例的な財政措置であるふるさとづくり事業をこれまでと同様の形で続けていくだけの余裕はない（もとで、）原点に立ち返った検討がなされた[8]」結果であるとされる。地方財政計画上、1996年度には2500億円、1998年度には1500億円しか計上されなくなり、標準団体の基準財政需要額も縮小され、各自治体においても、これに準じて地方交付税が減少することとなった。1999年度にいたると、「ふるさとづくり事業」は廃止される。さらに1998年度からの小規模町村への段階補正見直し（人口4000人以下の自治体には段階補正の割増を止める）とあいまって、それまでに見られたような、小規模自治体に対する厚い基準財政需要額が配分されなくなっていくのである。

　もっとも一方で、ガット・ウルグアイラウンド合意にともない、1995年度から「新たに『農山漁村地域活性化対策費』を創設し、都道府県

---

6)　地域づくり推進費は、標準団体で1億2000万円計上されているが、小規模団体に厚く配分される段階補正の結果、4000人団体で7180万円、1000人団体で6525万円が標準事業費として計上されている。

7)　岡本【1995】240頁。岡本は続けて「過疎化が進み人口が減れば、これに応じて配分される地方交付税額も減る→これによって市町村は財源総額が減り十分な活性化策がとれない→これによってまた人が減る→それに応じて交付税が減るという悪循環、ダウン・スパイラルから抜け出ることはない」ので、「地域を活性化させるための財源配分、将来に向かっての政策的とも言うべき財源配分の要素を持ち込んだ」と「自賛」している。

8)　植田・米澤【1999】330-331頁。

第 3 章　定住政策と地方交付税

分 50 億円（1 団体あたり 8000 万円～1 億 5000 万円）、市町村分 500 億
円（1 団体あたり 500 万円～2500 万円）を措置するとともに、農山漁
村対策として、農山漁村の後継者の育成・確保に対する道府県分の交
付税措置の拡充を行う[9]」などの措置がとられた。さらに、1998 年度
からの「国土保全費」について見ても、「道府県分は『農業行政費』
及び『林野行政費』、市町村分は『その他の行政費』において、国土
保全の見地からの農地、森林等の管理対策、Uターン・Iターン受入
対策、後継者対策、第 3 セクターの活用等に係るソフト事業に要する
経費[10]」として、地方財政計画には 600 億円が計上されている。このう
ち、UJI ターン者受け入れ対策としては、市町村において、「その他の
行政費」のなかの「地域活力創出費」という細目において、「人づくり
事業費」という細節が設けられ、移住・定住促進のための取組みや地
域づくりリーダーの育成等に充てる経費として標準団体において 4600
万円が計上された（単位費用換算で 460 円）[11]。

　また、2001 年には、わがまちづくり支援事業費も設けられた。小学
校単位での地域子育て支援、空き店舗の活用、伝統文化の継承、防災
まちづくりなどのための話し合いや取組みを措置するものとして、地
方財政計画では 750 億円が計上され、標準団体で 4465 万円（単位費用
換算で 467 円）が算定の基準とされた[12]。

　これらの配分項目を新たにつくることにより、ふるさとづくり事業
による交付税措置には及ばないが、その減額をいくぶんかは補ってい

---

9)　『詳解（1995 年版）』339 頁。

10)　『詳解（1998 年版）』346 頁。

11)　2001 年には 4600 万円、2002、2003 年には人材育成の経費として 2000 万円、
2004 年には 2100 万円だったが、2005 年には 1700 万円、2006 年は 1500 万円。新型
交付税化した 2009 年には地域振興費の枠内で 1500 万円が計上される。

12)　わがまちづくり支援事業費についても、2003 年までは同額が算定基礎となった
が、2004 年と 2005 年に 4000 万円、2006 年には 4600 万円、2007 年には 2760 万円
と引き下げられた。

115

るようである。

　よく言われるように、こうして増額した地方交付税や、事業費補正を使った事業（その典型が地域総合整備事業債である）は、ソフト事業の拡充とともに、景気対策ともあいまって、ハード事業として用いられた。そこで、この時期に取り組まれたハード事業について、定住住宅建設を例に、次節では見ていくこととしたい。

2　若者定住促進住宅建設の評価と課題

　本節では、中山間地の市町村で定住促進政策がある程度の成果をあげていた例として、徳島県山城町をとりあげる。[13]　山城町は、徳島県の山間地の町で、2000年国勢調査で人口は5503人である。1975年には8904人であったから、25年間に約4割の人口減少となっている。町では、1992年度から1998年度まで、定住転入者奨励金や空家あっせん、町営住宅建設による定住政策を展開し、I・Uターン合計353名の転入者があったという。このうち、18歳未満の子どもが100名、18歳以上30歳未満の「若者」も104名いる。このような成果がありつつも、全体としての人口は減っているのである。2006年2月に周辺町村と合併し三好市となった。

　山城町では、商工会主体の「Uターン等定住促進委員会」による約1000名のUターン候補者へのアンケート調査などの活動をうけ、定住転入者奨励条例として定住転入者奨励金、若者定住促進条例として、[14]

---

13)　以下、山城町の事例については、垂水ら【2000】を参照するとともに、合併後の三好市へのヒアリングを行った。

14)　定住転入者奨励金は1人当り50万円の貸与制度である（5年間の居住で返還義務免除）。50万円は、「『引っ越し代相当』であり、もらっても精神的な負担になら」ず、「結局5年住めばまちに払う額と認識されている。主な使途は『車の購入』、『水がでないためタンクモーターをつけた』、あるいは『子供（小学生）が通学するバスの定期券代に相当する』」など、山村に新たに住むことによって追加された費目であ

第3章　定住政策と地方交付税

住宅整備資金の貸付（上限 150 万円）、出産祝い金（10 万円）などの制度を設けた。1992-1998 年度の定住奨励制度の利用額は合計 1 億 5320 万円となっている。

　同時に、I・U ターン者を受け入れるため、住宅建設、分譲住宅建設を積極的に行ってきた。過疎債を主要な財源に、1990 年には西宇団地（18 戸、工事費・造成費 1 億 7613 万円）、1995 年に永美団地（32 戸、4 億 8925 万円）、1997 年に伊予川団地（16 戸、2 億 7969 万円）を建設してきた。また 1997 年には、国政分譲団地（10 戸、1 億 1000 万円）も造成された。住宅団地に関連する道路や下水道整備も必要であった。

　この時期の全国的な住宅整備政策について見てみると、建設省補助事業である一般的な公営住宅整備とともに、国土庁補助制度である定住促進団地整備事業（1993 年度開始）などが施策化されている。1982 年度から 1991 年度までの 10 年間に建設された公営住宅は 924 市町村 2 万 8421 戸に対し、1992 年度から 1994 年度の 3 年度の予定で 566 市町村 9402 戸と整備ペースが上向いているとともに、地域特別賃貸住宅制度は、4 市町村 46 戸が 26 市町村 365 戸と急拡大している。[15]　さらに、自治体の単独事業による公営住宅も建設された。公営住宅法に基づく公営住宅は、所得制限があり、独身者の入居は基本的に難しいことなどの制約があるため、各自治体は、単独事業として住宅建設を行ったのであろう。

　ここで、山城町の財政構造を見てみよう。**表 3-3** である。普通建設事業費が歳出の 4-5 割程度をしめ、若者定住促進住宅建設以外にも、積極的に公共事業をすすめてきたようである。バブル崩壊後も、積極的に公共投資を続けてきている。

　　る」（垂水ら【2000】61 頁）という。
　15）『過疎白書』平成 4 年版 107 頁の第 2-65 表による。

表 3-3　山城町の定住施策の支出と地方交付税額等

	1992 年度	1993 年度	1994 年度	1995 年度	1996 年度
基準財政需要額	2,382,962	2,567,891	2,562,381	2,634,433	2,717,166
うち、ふるさとづくり事業	98,068	98,068	98,068	90,770	75,642
普通交付税額	2,087,052	2,253,965	2,166,318	2,219,788	2,331,069
歳 出 合 計	5,354,670	6,030,832	6,594,445	5,806,747	6,272,989
定住転入者奨励制度	9,750	24,350	27,350	21,150	23,150
若者定住促進制度	3,150	5,250	4,300	5,950	5,150
普通建設事業費	2,438,232	2,674,122	3,328,042	2,662,094	2,616,572
公 債 費	663,659	688,799	723,537	768,970	834,611
経常収支比率	73.8	71.5	76.6	78.6	82.2
公債費の比率	23.1	21.8	22.2	24.0	24.8

注：公債費の比率は、公債費を一般財源で除して計算。92-94 年度の「ふるさとづくり事業」は保
　　かったため、筆者が試算した。
出所：垂水ら【2000】、三好市ヒアリング資料、地方財政調査研究会『市町村別決算状況調』各年

　表 3-3 では地方交付税についても計上しておいた。企画振興費の
測定単位は国勢調査人口であるが、山城町では 1990 年に 6531 人だっ
たが、これが 1995 年には 6045 人と約 1 割下がった。加えて、1996 年
には「ふるさとづくり事業費」が向う 3 年間で減額される地方交付税
制度の変更が行われ、1998 年にかけて半減した。さらに、積極的に行
ってきた公共事業の影響で公債費の負担が上昇し、山城町は徳島県下
の他町村と比べ低かった経常収支比率や公債費負担比率を押し上げた。
定住関連の奨励金は合わせて 3000 万円程度ではあったが、一般財源に
余裕がなくなってきたことから、定住関連施策は 1998 年度で廃止され
ることになった。

　さて、山城町の転入者の職業は、林業と公務員、芸術家が主要な職
業だという。そういった職種以外に就業機会の確保がもたらされるか
が定住政策の課題となり、より広い分野の職業での就業機会の拡大を
めざして、「（山城）町の定住政策の新たな展開は、産業創出にシフト
している。一つは㈱もくもくや集成材工場など林業基軸の産業であり、

（単位：千円、%）	
1997 年度	1998 年度
2,834,936	2,863,434
60,497	45,383
2,463,344	2,467,504
7,146,843	7,213,269
23,350	24,100
4,750	3,300
2,983,964	2,600,529
1,157,194	1,439,785
79.1	86.1
30.4	34.4

存年限の関係で資料が無

版より作成。

もう一つは㈱しんこうを中心とした観光産業である」[16]ようになった。山城町では、たしかに住宅建設の結果350人の移住者があったとはいえ、それを上回る人口減少に見舞われた。住宅建設だけでは、定住政策の成功はおぼつかなかったのである。

　本節では、定住政策の成果と問題点として、徳島県山城町での定住住宅建設というハード事業について見てきた。住宅建設によって一定の移住者は増えたし、公共事業の結果地元の土木・建築業を中心に地域経済にも一定の効果があっただろう。しかし、起債の償還という財政上の負担が増加してしまい、財政構造改革期には地方交付税総額の削減のなか、新たな方向が求められるようになった。

3　定住政策の評価と課題

　2003年12月から翌1月にかけて行われた総務省過疎対策室「過疎地域における近年の動向に関する実態調査」によると、過疎地域における2000年国勢調査人口移動集計結果は、転出者87万1577人に対し、転入者66万6212人となっている。人口全体の減少を止めるには至っていない一方で、定住政策の結果、これだけの転入者がおり、また、過疎自治体の約6分の1にあたる203団体で、1995年比で転入超過となっている。[17]

16)　垂水ら【2000】62頁。
17)　加えて、（旧）国土庁定住促進情報データベース（http://www.ujiturn.net/uji
　　 search/index_download.php）では、14万897人のUJIターン者がいることが集計
　　 されている。

また、過疎地域問題調査会が 2000 年 8 月に実施した「過疎地域における UJI ターン推進施策のあり方に関する調査」の市町村結果によると、「高齢化と若年者の減少がより深刻な市町村において UI ターンに取り組まれている傾向が見られる。UI ターン施策の分野別に見ると、就職等に関する支援、居住に対する支援、各種奨励金による支援、UI ターンのための体験制度の実施のいずれの分野においても、実施している市町村のほうが実施していない市町村より若年層の転入率が高い[18]」という。

　過疎自治体への調査であるので、20-24 歳の移動率[19]はのきなみマイナス 30% となっているが、たとえば、就職・就業・起業に対する支援策をもつ 293 自治体（N＝1134）では、25-29 歳の移動率が 11.3%、住居支援策をもつ 359 自治体では 10.0%、各種奨励金制度をもつ 354 自治体では 11.5%、UI ターン体験制度をもつ 58 自治体では 18.5% と、取り組んだことのない自治体と比べ、2-4 ポイント移動率が高くなっている。体験制度をもつ自治体にいたっては 10 ポイント高く、30-34 歳の移動率も高くなっている[20]。

　では、じっさいにどのような施策が定住促進、転入者増につながったのであろうか。『過疎白書』平成 6 年版と平成 13 年版では、国勢調査での人口増自治体の要因調査をしている。85 年から 90 年の国勢調査人口の増が 68 団体、90 年から 95 年の増が 111 団体、95 年から 2000 年に人口増団体が 88 団体ある。その要因と回答団体数は、**表 3 - 4** のようである。

　平成にはいり、「宅地分譲、公営住宅の建設」が人口増の要因として

---

18)　過疎地域問題調査会【2002】、概要版の iv 頁。
19)　この調査での移動率は、市町村外からの転入と市町村外への転出の差をとり、転出超過の場合にマイナスと表現している。なお、移動率とは一般には、国勢調査で 5 年前に現住所に住んでいなかった人の割合をさす。
20)　過疎地域問題調査会【2002】89-90 頁。

第 3 章　定住政策と地方交付税

表 3-4　人口が増加した過疎市町村における人口増加要因

（単位：団体数、（　）は構成比）

	1985-90 年	90-95 年	95-2000 年
企業立地、企業誘致による就業の場の拡大	32(47.1)	47(42.3)	21(23.9)
第 1 次産業従事者の定着、増加	9(13.2)	4(3.6)	6(6.8)
地元の創意工夫による活性化施策	7(10.3)	9(8.1)	15(17.0)
宅地分譲、公営住宅建設等の住宅整備	22(32.4)	70(63.1)	62(70.5)
生活環境整備の充実	（項目なし）	22(19.8)	7(8.0)
寿命の伸長による自然増加	11(16.2)	9(8.1)	3(3.4)
自然環境等を求めて移住	11(16.2)	16(14.4)	9(10.2)
交通体系等の整備による通勤圏化、ベッドタウン化	14(20.6)	19(17.1)	10(11.4)
学校等公共施設開設による教職員、学生の居住	（項目なし）	9(8.1)	3(3.4)
病院、老人ホーム等の医療福祉施設の入院、入居	10(13.2)	24(21.6)	22(25.0)
公共事業等工事関係者の一時的流入	12(17.6)	25(22.5)	12(13.6)
宗教団体の進出	（項目なし）	1(0.9)	0(0.0)
その他	12(17.6)	11(9.9)	20(22.7)
合　　計	68 団体 140 回答	111 団体 264 回答	88 団体 190 回答

注：複数回答。構成比は団体数が母数。95-2000 年「地元の創意工夫」が元資料では 15 件 3.6% と
　　なっている。構成比 3.6% が正しいとすると回答件数が整数にならないため、回答件数が 15
　　件で正しいものと思われるので、構成比は修正している。
出所：『過疎白書』平成 6 年版 124 頁、『過疎対策データブック』平成 13 年版 80 頁より作成。

　ポイントを急上昇させ、6-7 割の自治体での回答となっている。もち
ろん、住宅関連施策だけでは人口増にはならない。「自然環境を求め
ての移住」、「ベッドタウン化」など必ずしも自治体の施策とは限らな
い分野は構成比を下げつつある一方、「創意工夫ある独自の活性化策」、
「福祉医療施設の開設」、「第 1 次産業従事者の定着」も数が少ないもの
の伸びてはいる。こうしたところが自治体の政策努力であろう。なお、
これは人口が差し引きで増加した自治体に対する調査であり、全体と
しては人口減少である自治体についても、転入者が増えた要因として
みれば同様だろうと思われる。
　そこで、じっさいに移住した人の動機はどのようなものであっただ
ろうか。前述の総務省調査では、UJI ターン者 1700 人にアンケートが

行われ（市町村経由で配布。回収916人）、転入者を増やすために望まれている施策について聞いている。その回答の分析は、概要版によると、「転入者を増やすために望まれている施策としては、『転入者に対する職業の斡旋』が最も多くから挙げられており、約59％となっている。次いで、『不動産情報の提供・斡旋』『宅地・住宅の整備』』等が上位に挙げられており、転入する際に職業と住宅の2点が確保されることが最も重視されている。転入者に長く住み続けてもらうために望まれている施策としては、『保健・医療・福祉サービス（施設）の整備』が約46％と最も高いほか、『産業振興など収入の安定的な確保』『学校や買物などの生活環境の充実』『地域へのとけこみや協力体制』などが40％以上と高い割合となっている[21]」という。住宅とともに就業、雇用対策が、そしてさらに長く住みつづける施策として「そこに住む人のための内向き政策[22]」も必要なのである。個別の政策を充実させるとともに、総合的に取り組むことが、自治体の課題と言えよう。

　ただし、そのような施策を展開するためには、相応の財源が必要である。先に見たように、地方交付税の地域づくり事業費は90年代後半には大幅にカットされてしまう。定住政策が求められるのは、過疎の人口小規模の自治体であり、90年初頭の地方分権さきがけ期こそふるさとづくり事業を典型に比較的十分な財源が付与されたが、「（UIターン促進策に）以前は取り組んだが現在は取り組んでいない」自治体が30ある[23]。1節で見たような財源の減少が定住政策をとりやめた一因となったものと考えられる。

21）　概要版ii頁。
22）　田代【1999】218頁。
23）　総務省過疎対策室『過疎対策データブック』平成15年度版、81頁。また、その後、市町村合併によって定住施策の実施主体である市町村が減少したことも、大きな影響を与えたと思われる。

その後、定住政策はどのように変化しただろうか。

地域活性化センターが平成24（2012）年度事業として、「若者定住促進施策」の現状と課題について調査研究を行っている。2012年9月21日現在1742市区町村に対し郵送でのアンケート調査

表3-5　若者定住政策の類型化

	団体数（団体）	構成比（%）
家賃・住宅助成金	315	43.5
子育て助成金	327	45.2
雇用助成金	143	19.8
新規起業・就農助成金	281	38.8
結婚・出産助成金	240	33.1
転入助成金	40	5.5
若者の結婚支援事業	280	38.7
その他	238	32.9

注：「その他」の詳細は明らかではないが、（乳幼児）医療費助成、住宅整備、公営住宅の建設のほか、空き家バンク関連、滞在型体験交流施設の活用などがあるようである。
出所：地域活性化センター【2012】。

で回答は992団体、なんらかの若者定住促進施策を実施している団体は724団体であった。施策項目別の実施団体数、構成比は**表3-5**のようである。

雇用や住宅関連の助成等の支援が引き続き多く、子育て支援や結婚支援が増えている。住宅関連の助成も、購入に際してや改築・改装に際しての助成が過半を占めている。子育て助成金には、保育料や通学費の助成が多く、私立高校の授業料助成や、妊産婦健診や不妊治療の助成も含まれる。一方、定住奨励金・転入助成金が激減している。

定住政策は、奨励金や助成金から始まった。その後、住宅建設、そして仕事・雇用の紹介へと、施策の重点が変わってきている。

とはいえ、これらの施策は、定住住宅建設にあたっての国庫補助の仕組みもあるが、おおくは、地方交付税を財源にして単独事業として行われてきた。地域によって、特産品や地域資源、地域コミュニティのあり方は違うだろうから、地方自治体が自ら考える単独事業がふさわしく、その財源は一般財源（地方交付税）が適切である。

しかし、90年代後半の財政構造改革期において基準財政需要額の

減少が始まり、三位一体の改革で地方交付税総額そのものも削減され、市町村合併もある中、地方交付税による財源保障が薄くなり、定住政策への取組みにも陰りがでてきたのである。

4　地方単独公共事業と事業費補正

このように定住政策が重視された時期は、地方単独公共事業が、とくに事業費補正という地方債の起債とその償還の仕組みをつかい、ハード面でも推進された時期でもある。[24]

地域づくりにかかわる事業費補正の嚆矢は、1984 年の「まちづくり特別対策事業（まち特）」であり、1988 年には、これを拡充して「ふるさとづくり特別対策事業（ふる特）」が創設された。[25]「ふる特」事業は、原則として市民会館等の施設以外の公共施設整備（たとえば、道路、河川、公園）に、地域総合整備事業債を発行できるものとし、その充当率はまち特と同じ 75% であるが、これに当年度事業費補正が 15% 算入され、元利返済にあたって財政力に応じ 30-55% を事業費補正で措置するものである。事業規模は、地方財政計画では、88 年 1048 億円、89 年 2314 億円、90 年 3431 億円である。また、地域づくり推進事業としては、前節で見たソフト事業分とは別に、ハード事業分として、地方財政計画での計上が、90 年度 1818 億円、91 年度 7919 億円と

---

24)　事業費補正の仕組みと公共投資への影響、「動員」過程については、岡崎【1999】、【2000a】、【2000b】に詳しい。

25)　事業費補正そのものは、1962 年の港湾費やその他の土木費（海岸費）について、公共事業費の一部を基準財政需要額に算入する制度として発足し、「地方交付税の中立性を害しその補助金化を招くものとして採用の当初から反対意見が少なくなかった」ようである。石原【2000】447-448 頁。

また、事業費補正の仕組みは下水道建設費についても用いられ、90 年代の「生活大国」型公共事業として、都市周辺地域での整備が進んだ。生活環境の向上の一方で下水道事業会計の累積赤字の問題や、人口減少局面で将来的に更新できるかどうかが課題となっている。

第 3 章　定住政策と地方交付税

急増し、92 年には 1 兆 1347 億円と 1 兆円の大台を突破する。[26]

　その後 93 年からは、地域振興関連でも、第二次ふるさとづくり事業（ハード分）としてさらに継続・発展させられるとともに、事業費補正の仕組みは、道路・橋梁事業にも拡大した（臨時地方道整備事業）。ここで、事業費補正と地方交付税の関連について見てみる。事業費補正そのものは、伸び率、構成比ともに上昇し、2000 年度決算では、都道府県、市町村合わせて 3 兆円弱となり、基準財政需要額全体の 6%程度を占めるようになっている。

　事業費補正については、三位一体改革の中で、その廃止が言われ、実際に補正項目としては廃止された。しかし、後年度の公債費の一部を交付税措置する仕組み自体は今日まで残っている。

　2000 年以前の事業費補正の内訳を見る（**表 3 - 6**）と、都道府県では、従前は半分を占めたのは河川費であった。河川改修事業は、外部性があるものであり、事業費補正を用いてあえて財政錯覚を起こさせて過少供給を防ぐ機能が期待されていたのであろう。ところが、近年は、道路・橋梁費、その他の土木費[27]、企画振興費[28]といったところの伸びが大きく、構成比もこの 3 項目で 8 割を占めるようになった。

　市町村については、これも従前は、外部性を指摘することのできる学校関係の経費が半分を占めていたが、企画振興費（地方総合整備事業債）や道路橋梁費も、下水道費といった項目で、構成比も大きく伸びている。下水道整備事業には農業集落排水事業等も含まれるが、過疎で財政力の低いところへの配分という政策意図は必ずしも見えないところである。

---

26)　この実績の数値は、植田・米澤【1999】第 3 章によった。
27)　都道府県が建設、管理する流域下水道関連の事業費を措置する。
28)　広域利用にかかる施設等の建設に充てられる、ふるさとづくり事業、地域づくり事業などの地域総合整備事業債の事業費を措置する。

表3-6　事業費補正の内訳（主なもの）

		1985年度（A）	構成比	1990年度（B）	B/A	1995年度（C）
都道府県分	道路橋梁費	—				1,497
	河川費	1,909	51.0%	2,478	1.30	368
	その他の土木費	270	7.2%	623	2.31	697
	高等学校費	270	7.2%	383	1.42	248
	農業費	—		65	皆増	392
	企画振興費					1,502
	うち地総債	10	0.3%	208	20.16	922
	その他の諸費	238	6.4%	256	1.08	1,150
	合　計	3,741	100.0%	5,835	1.56	6,123
市町村分	道路橋梁費	—		—		952
	都市計画費	425	7.2%	635	1.49	867
	下水道費	—		1,508	皆増	3,853
	その他の土木費	1,033	17.5%	50	—	294
	小学校費	1,932	32.7%	2,097	1.09	2,076
	中学校費	1,261	21.3%	1,357	1.08	1,380
	清掃費	616	10.4%	979	1.59	1,125
	農業	—		3	皆増	157
	企画振興	—		—		2,778
	その他の諸費	176	3.0%	931	5.29	640
	合　計	5,916	100.0%	8,293	1.40	14,433

注：主な項目（金額の大きいもの）を集計。「合計」は、表の合計と一致しない。
出所：自治省『地方交付税（等）関係計数資料』各年版から作成。

表3-7　群馬県の人口別、財政力指数別市町村数

（単位：数）

人口	10万以上都市	10万人未満都市	2万人以上町村	1-2万人町村	4000-1万人町村	4000人未満町村	合計
市町村数	5	6	12	23	14	10	70
財政力指数	1以上	0.7～1	0.5～0.7	0.4～0.5	0.3～0.4	0.3未満	合計
市	0	6	5	0	0	0	11
町村	1	5	14	12	8	19	59
市町村計	1	11	19	12	8	19	70

出所：『2000年度国勢調査』、地方財政調査研究会『類似団体別市町村財政指数表』【2003】から作成。

第 3 章　定住政策と地方交付税

（単位：億円、倍、％）

C/B	2000 年度（D）	D/C	構成比
皆増	2,887	1.93	31.2%
0.15	724	1.97	7.8%
1.12	1,781	2.56	19.3%
0.65	267	1.07	2.9%
6.03	613	1.56	6.6%
皆増	2,580	1.72	27.9%
4.44	2,431	2.64	26.3%
10.34	79	0.07	0.9%
1.05	9,244	1.51	100.0%
皆増	1,371	1.44	7.5%
1.37	831	0.96	4.6%
2.55	4,210	1.09	23.2%
5.84	1,006	3.43	5.5%
0.99	2,059	0.99	11.3%
1.02	1,407	1.02	7.7%
1.15	1,688	1.50	9.3%
42.07	187	1.19	1.0%
皆増	5,010	1.80	27.6%
3.67	44	0.07	0.2%
1.74	18,162	1.26	100.0%

次に財政規模によって事業費補正の利用の違いはあるだろうか。[29]

そこで、群馬県の市町村の事例で検討することとしたい。[30] 群馬県の市町村数は表 3-7 のようであり、「大都市」が存在せず、都市部縁辺を中心に人口の相対的に大きい町村がある一方、過疎地域指定をうける人口 1000 人程度の小さな町村も存在する。自動車などの工場が立地したり、観光地として有名であったりする町村もあり、そうしたところは財政力指数も高い（不交付団体 1 団体は大泉町である）。

群馬県市町村課では、毎年『市町村要覧』という資料を発行しており、その中に「地域総合整備事業を使ったハード事業一覧」がある。これをもとに、年度ごとに事業費の総計を推計したのが、[31] 図 3-1 である。

---

29)　町田【1997】146-150 頁参照。過疎地域では、地総債ではなく、従来からの過疎債の依存度が高いとされている。

30)　前橋市が 2009 年に、高崎市が 2011 年にそれぞれ中核市となった。平成の市町村合併では、50 市町村が 15 市町となり、その後も、中之条町と六合村の合併（2010 年）もあり、今日では 12 市 15 町 8 村である。

31)　資料では「事業名」と「総事業費」「事業年度」が掲載されている。用地費部分は当初に、施設建設部分は後半に、などの違いが想定されるが、単純に総事業費を事業年ごとに割り振った。また、「総事業費」であるので、地総債発行額とは異なっている。

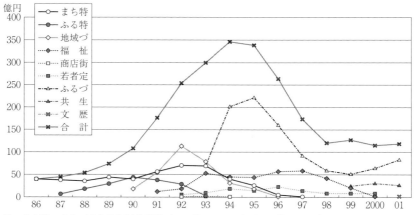

注：まち特：まちづくり特別対策事業／ふる特：ふるさとづくり特別対策事業
　　地域づ：地域づくり推進事業／福祉：地域福祉推進特別対策事業
　　商店街：商店街等振興整備特別対策事業／若者定：若者定住促進等緊急プロジェクト
　　ふるづ：ふるさとづくり事業／共生：共生のまち推進事業
　　文歴：地域文化財・歴史的遺産活用による地域おこし事業
出所：群馬県市町村課『群馬県市町村要覧』平成17年版から作成。

図3-1　群馬県市町村の地総債事業費の内訳（主なもの）

　1990年度に100億円を突破しているが、以後も94年度の350億円まで事業費ベースでは急拡大が続いている。改定された公共投資基本計画とバブル崩壊直後の経済対策に呼応して公共投資が旺盛に取り組まれた。しかし、それは長続きしなかった。90年代後半には、財政構造改革のもと、その規模は100億円程度で、最盛期の3分の1程度になっている。

　事業の過半を占めるのが、90年代前半の「地域づくり事業」、中葉以降は「ふるさとづくり事業」である。その事業の主なものは、前者は、博物館・美術館建設や運動公園（広場）整備など「外部性」を主張できるものであったが、「ふるさとづくり事業」になると、地域センター、文化ホール、道路（ふるさとの道）や公園（ふるさと公園、ポケットパーク）など、当該自治体の住民の利用のための施設等の整備

第3章　定住政策と地方交付税

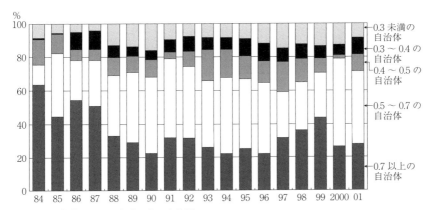

注：財政力指数は、2001年度のものを使用。
出所：図3-1に同じ。

図3-2　財政力指数別の群馬県市町村の地総債事業費の構成比

が見られるようになる。また、総合福祉会館等の建設事業に充てられた「地域福祉推進特別対策事業」も、高齢化社会と介護保険制度導入を前に90年代を通じて安定的に50億円程度の事業費を維持している。若者定住促進緊急プロジェクト事業も、20億円程度の事業規模で毎年続けられている。

　この地総債の活用について、財政力指数別にどのような傾向が見られるだろうか。**図3-2**は、2001年度の財政力指数をもとに、市町村のグループをつくり、その合計の県全体に対する構成比を計算したものである。80年代後半にかけて、0.3未満と0.5～0.7の自治体で、90年代前半には、0.3～0.4の自治体で、90年代後半は0.7以上の自治体で地総債事業を拡大していることがわかる。

　つまり、80年代後半の端緒事業であった時期は、都市部・町村ともに、運動公園などの整備というかたちで「地域おこし」の目的が目指されたと考えられる。その後、地総債事業の拡大していく90年代前半から中葉にかけ財政力指数0.4～0.5の自治体で積極的に事業を行って

129

いる。バブル崩壊後の景気対策の時期には、地総債事業はピークをむ
かえるが、ほぼその構成比には違いがないまま推移する。地域福祉特
別対策事業も旺盛に展開され、93年度以降50億円程度で推移してい
る。内訳を見ると、財政力の中程度のところで、高齢者や障害者のデ
イケア事業などを行う保健福祉センターの建設が行われている。[32]

　90年代後半には、財政力指数0.5〜0.7の自治体で減少傾向が顕著で
あり、0.7以上の自治体で相対的に拡大している。群馬県の市町村に
おいては、90年代終盤の景気対策には、財政力指数の大きなところが
積極的に対応したようである。

　90年代中盤以降起債償還が始まる。いくら事業費補正で優遇されて
はいても、一定の一般財源は必要であることから財政力の小さいとこ
ろは単独事業を継続できず、一方で景気回復が見られ税収の持ち直し
があり、留保財源のかたちで一般財源が増加したことから、財政力の
高い自治体では単独事業を継続できたのである。

　この点で、宮崎【2004】は、80年代後半以降の道路関連単独事業
を分析し、道路関連単独事業と地方道路特定財源には各年度において
強い正の相関があり、道路特定財源の多い自治体＝都市部ほど道路関
連事業を行ったのではないか、臨時地方道整備事業などで有利だから
といって財政力の低い自治体が道路建設を行ってはいないのではない
かと、通説（財政力の低い自治体に有利であった制度設計のため、財

32）　地域福祉事業は、甘楽町（0.36＝2001年度の財政力指数。以下、同様。92-94年、
　　総合福祉センター）桐生市（0.55。93-94年、保健福祉センター）、沼田市（0.52。
　　93-94年、保健福祉センター）、草津町（0.85。93年、総合保健福祉センター）、榛東
　　村（0.44。93-95年、福祉センター）、千代田村（0.66。94年、総合福祉センター）
　　富岡市（0.61。95-97年、ふれあい交流センター）、赤城村（0.31。95-97年、総合福
　　祉センター）、新里村（0.45。95-97年、地域福祉センター）、昭和村（0.26。95-97
　　年、総合福祉センター）白沢村（0.25。96年、健康福祉センター）、富士見村（0.46。
　　96-97年、ふれあい交流センター）である。比較的、中規模の財政力指数の自治体
　　で利用されているようである。

第 3 章　定住政策と地方交付税

政力の低いところがモラルハザードをおこした）に疑問をなげかけている。財政力の低い自治体は、起債や事業費補正で有利だといっても、公共事業のすすめ方にはおのずと限界があった。

90 年代を通じて、公共事業の推進が求められ、じっさい 90 年代前半には公共事業が活発に展開された。だがそれは、地域おこし、財政力に考慮した配分といいつつも、臨時地方道や下水道といった都市的な事業であり、90 年代後半には、一定の一般財源を確保できる中程度以上の財政力指数の自治体でしか、事業を継続できなくなったのである。

この後、「構造改革期」の諸改革の中、地域総合整備事業債や事業費補正の仕組みは基本的に廃止される。定住政策を進めてきた財源に陰りが見られるようになった。

5　定住政策先進自治体—島根県海士町の取組み

定住対策に総合的に取り組み、UI ターン者の島として知られる島根県海士町の取組みを見てみよう[33]。

島根県では、1990 年の国勢調査で人口減少したのをうけ、翌年に「人口定住促進連絡会議」「人口定住プロジェクトチーム」が庁内に設置される。1992 年には、ふるさと島根定住財団を設立するとともに、市町村が主体的に取り組む人口定住事業を支援する「住んで幸せしまねづくり事業（3S）補助金」を創設する。その後、1995 年には、県庁組織に「企画定住課」が新設され、定住施策の展開、地域振興に係る諸施策の推進、遊空間の形成などの、産業、住宅、交通、福祉などの

---

33)　以下の海士町の記載については、2012 年 9 月の訪問調査による。島根県と同定
　　住財団の事例については、県のウェブサイト（http://www2.pref.shimane.jp/teiju/）、
　　ふるさと島根定住財団ウェブサイト（http://www.teiju.or.jp）を参考にした。

131

施策を総合化する取組みがはじまる。

　ふるさと島根定住財団は、1996 年度以降は、定住事業支援として、県からの補助金（「ふるさと島根定住支援事業」、2-3 億円程度）を原資にして、財団の独自事業として定住企画事業をはじまる。具体的には、島根産業体験事業、若い島根人のための産業体験事業、UI ターン住まい支援事業などに取り組んでいる。1996 年にスタートした「UI ターン者のための島根の産業体験事業」は、UI ターン希望者の一時滞在（インターン）の費用を助成する（1 カ月 5 万円の産業体験助成金を 1 年間助成）ものだが、1996 年度から 2002 年度まで 721 人を認定、611 人が終了しているが、うち 317 人は定着しているという。これに「住まい支援事業」（家賃が月 2 万円を超える場合上限 2 万円を 1 年間助成する）を上乗せすることもできる。このほか、家族での移住に際する助成金もある。[34]

　島根県は社会減、自然減ともに見舞われており、人口問題は深刻なものがある。そうした背水の陣ともいえる危機感が、条例化とあわせ総合的な定住施策をとらせているのであろう。時は財政構造改革期である。この財源は、国からの移転財源が見込めない以上一般財源を活用せざるをえない。限られた一般財源を活用するがために、「縦割り」ではなく、定住政策の総合化が行われたのである。

　海士町は、島根県隠岐諸島のひとつ、中ノ島全域（面積 33.52 平方km）を区域とする町である。最盛期の 1950 年頃は 7000 人ほどの人口があったが、2010 年の国勢調査では人口は 2374 人である。第二次産業の建設業は 120 人、製造業は 52 人と振るわず、農業（真水がわくの

34）　山本【2008b】2 頁。同稿によれば、転入者からは、「住んでみないと分からないことはあるので、体験事業というのはあったほうがいいと思う」という評価とともに、「金銭的にはとてもありがたいと思うが、期間を区切った一時的な助成には限界があり、もっと長期的な支援が必要だと思う」、「ファミリー世帯の人にとっては仕事を辞めなければ体験にも参加できない」などの感想があるという。

第3章　定住政策と地方交付税

で離島にもかかわらず稲作が盛んである）や漁業の第一次産業も近年は従事者数は減少を続けている。本土まで高速船でも1時間、フェリーでも3時間かかり、冬場には季節風の影響をうけて欠航も多い。海士町内に県立高校はあるものの子ども、青年の離島は多く、高齢化は進んでおり39%となっている。

　平成の市町村合併のなかで、隠岐の島々のうち島前地域の3町村で合併するという構想があったが、それぞれ主に1島で1自治体を構成しており合併しても効率化が見込めないことから、2003年12月に任意合併協議会は解散した。その後、三位一体改革のなかで地方交付税の総額の削減、とりわけ2004地財ショックを経験する中で、自立促進プランを作成することとなった。

　自立促進プランは2004年3月に策定されるが、特別職や職員の給与カット（人件費削減は、1998年度との比較で45%、2億円の削減を行ったという）、町内会や老人クラブへの補助金のカット、島の唯一の公共交通である町営バスの値上げなど、徹底的な行財政改革（「守りの戦略」）とともに、「一点突破型産業振興策」という「攻めの戦略」をあわせもつものであった。[35] 90年代後半から地方財政計画は縮小し、

35）　山内【2007】参照。「生き残りは、あくまで産業創出という積極的な手段、つまり『攻め』でしか達成できないのです。とはいえ、『攻め』の政策が目に見える成果を上げるまでには、かなりの時間がかかると考えるべきなのです。その数年間、もしくは十年間を生き延びるためには『守り』が必要になってきます。『攻め』が効果を及ぼすまでの時間を稼ぐのです」（82頁）。とはいえ、「守り」についても、「やるのならば、徹底的に、自らの身を削ってやらなければならない」（83頁）と町長報酬の3割カットにつづき、「町の財政の深刻さを理解してもらい、行政が率先して身を削っていくことを表明するのには、これ（職員の給与カット。引用者注）しか方法がないように思いました。真っ先に行政自身が身を削って初めて、町民にお願いすることができるのです。『役場は頑張っているな』そう町民に思ってもらって初めて、町民の意識も変わってくるのです」（86頁）と、管理職の20%カット、一般職員も10-20%のカットを行った。翌年2005年度にはさらにカット率があがる。この「給与カットで浮いたお金は"未来への投資"に使うと宣言し」（88頁）、子育て支援施策の財源となっている。

表3-8 海士町の主な性質別歳出の推移 (単位：千円、人、%)

	1985年	1990年	1995年	2000年	2005年	2010年	2015年
人件費	325,585 (14.8)	445,233 (14.0)	585,697 (11.8)	626,459 (13.4)	375,604 (9.3)	474,572 (9.0)	518,156 (10.6)
扶助費	71,668 (3.3)	103,655 (3.3)	276,649 (5.6)	176,277 (3.8)	224,920 (5.5)	240,426 (4.6)	296,665 (6.1)
普通建設 事業費	984,329 (44.7)	1,280,919 (40.3)	2,708,032 (54.5)	1,654,703 (35.5)	1,121,037 (27.6)	1,954,339 (37.1)	1,475,035 (30.1)
公債費	303,703 (13.8)	350,253 (11.0)	559,075 (11.2)	1,111,782 (23.8)	1,270,509 (31.3)	1,048,697 (19.9)	877,828 (17.9)
歳出合計	2,201,949	3,181,074	4,972,365	4,661,736	4,056,339	5,269,177	4,900,574
人口	3,339	3,119	2,857	2,672	2,581	2,374	2,353

注：人口は、同年の国勢調査人口。
出所：海士町資料、『市町村別決算状況調』から作成。

三位一体改革はそれに輪をかけた。そのようななかで「攻め」の財源は、「守り」すなわち従来からの各種事業の縮減でしかねん出できない。自立促進プランでは首長や職員の給与カットが注目され、たしかに、2000年度から2005年度にかけて、人件費は額にしてほぼ6割の水準にまで落とした。しかし、海士町では、普通建設事業を縮小し、それまで島の経済を支えてきた主要産業である建設業のリストラも行い、その財源を「攻め」に振り向けたのである（**表3-8**）。

5年おきの刻みなので正確なところではないが、最高時の95年には歳出の半分以上を普通建設事業に振り向けていた海士町は、この間に、歳出規模の抑制に努め、公共事業を金額的にも構成比的にも大縮減を行い（それでも3割を公共事業に振り向けている）、Uターン者の子どものための扶助費の拡大に備えているようである。

「攻めの戦略」は、従来の公共事業にかわる新しい産業を興し、島に雇用をつくることを目的とし、町役場の担当部署として、産業創出課を設けた（事務所は、役場とは別に、観光と定住を担当する交流促進課、第一次産業の振興を図る地産地商課とともに、フェリーが発着す

第3章　定住政策と地方交付税

る菱浦港にあるキンニャモニャセンターに置かれている）。

　産業創出課の大江和彦課長（当時。2018年5月から町長）はこう語っている。「以前は、やはり公共事業で成り立っていたわけです。多い時には40億円の公共事業をしていました。地方債残高も100億円を超えるくらいありました。私自身土木の技師で、道路や下水道の担当でしたし、ここの港の整備もかかわっています。40億の外資がきていたわけですが、それがなくなるわけで、まずは生業を生む箱ものに投資することにしました。施設建設は行政で、そこを住民や団体が利用して、雇用をうみ地域経済をまわす」。こうして、行政が生業につながる施設を建設し、そこで、商品開発などの起業を行う取組みがはじまった。しかも、離島であることを積極的にいかし、海、潮風、塩の三つをキーワードの地域資源を有効活用しようというもので、「島じゃ常識！　さざえカレー」[36]「いわがき・春香」[37]「隠岐牛」[38]「CASシステム」[39]「海士ノ塩」[40]といった商品群が開発された。販売実績と雇用実績は**表3-9**のとおりである。

---

36)　1998年度から始めた商品開発研修生制度の成果。「最初は、『なんで部外者に給与を支払うのか』と却下された。このため内部的には「嫁対策」として「島っ娘大募集」という名前で実施することにしたという」（富沢【2013】66頁）。商品開発研修生には毎月15万円の給与を支給し（ふるさと島根定住財団の産業体験助成金に上乗せ）、特産品や地域コミュニティそのものを「商品」としてどう売り出すかを考えるもの（任期1年。更新可）。2013年度まで25人の研修生がおり、7人が任期終了後も島内に残っているという。

37)　脱サラしたIターン者の発案で、商品ブランドとして「春香」というブランド名を付け、地元漁業者とともに養殖に成功したものを、春から初夏にかけて東京・築地市場で販売する。2006年には海士いわがき生産株式会社として、Iターン者7人含め15人の漁業者で養殖に取り組んでいる。

38)　建設会社が参入した牧場のほか、Uターン者による肥育農家もある。

39)　魚の細胞を壊さずに冷凍保存する技術で、鮮度やおいしさを損なわないまま保存できるという。CAS技術をいかした商品の生産・流通のために、役場も出資した第三セクターの株式会社ふるさと海士が2005年に設立された。

40)　株式会社ふるさと海士が運営する、海士御塩司所という設備で製塩を行っている。

135

表3-9　海士町の産業振興の成果

（単位：千円、人）

	項目	創業時	2012年度
いわがき「春香」	販売高	15,000	75,000
	雇用者数(パート含む)	13	21
農水産物直売所関連施設(海士ノ塩含む)	販売高	125,000	157,000
	雇用者数(パート含む)	15	23
CAS商品	販売高	27,000	106,000
	雇用者数(パート含む)	14	25
隠岐牛（肥育のみ）	販売高	55,000	155,000
	雇用者数(パート含む)	6	10

注：創業は、いわがき、農水産物直売所は2002年度、CASは2005年度、隠岐牛は2006年度。
出所：海士町資料による。

　いずれも、島内では日常的に食していたり、市場も島内やせいぜい島根県内にとどまっていたりしたものを、東京市場を視野に入れて開発、ブランド力と付加価値をたかめて販売網を作ったものである。このように本土から代金をもらうことを島では「外貨」という。

　これらの新しい事業を展開するためには、新規従業員が必要である。就職情報誌への広告も打たれたほか85人の新規求人が行われた。[41]「外貨」を獲得するためのノウハウを有する人材は、どうしても島出身者だけでは足りないという側面もある。

　こうして島への移住者が増える。住むところの確保が必要であった。まず、定住促進住宅が活用された。[42]

---

41)　交流促進課の担当者は、「人口増の目標は、亡くなる人が50人、高校や大学進学に際して50人程度、あわせて100人は減少するので、それを何とかしたいということで立てたものです。せっかくたてた目標なので目標倒れにはしたくなかった」と語っている。85人のうち、約1/3はUターン者であったという。

42)　海士町でも、2004年以降、定住促進住宅を32戸整備している。このほか、産業体験住宅（8戸）や、旧NTT社宅を改造したリニューアル住宅（27戸）が用意されている。このような住宅支援のみならず、県ふるさと定住財団の「産業体験助成金」事業を活用して所得保障されていることや、転職者に木目こまかくOJTを指導する体制が受け入れ企業でとられていることが紹介されている。山本ら【2008a】参照。

第 3 章　定住政策と地方交付税

　役場の雇用支援策については、先にみた商品開発研修生以外にも、農業研修生に対しては、3 年間月額 15 万円や空き家を改修した住宅が提供される。漁業就業希望者については、漁船を町で購入し、これを貸し付ける方法もある。また、子牛の繁殖には、最低 2 年かかるため、通常の貸付制度では、投下した資金が回収できるようになるまでに返済が始まってしまう。そこで、「海士ファン・バンク」[43]という仕組みもある。これは、町外をはじめとする出資者からの寄付金を、移住者に複数年契約で貸し付けるものである。このほか、U・I ターン者に限ったことではないが、子育て支援条例に基づき、結婚祝い金 10 万円や、出産にあたっての「すこやか祝金」（1 人目 10 万円、2 人目 20 万円、3 人目 50 万円、4 人目以上 100 万円）、チャイルドシート購入費助成などの他自治体で行われているような制度もあるほか、離島という地理的条件から、妊娠中の定期検診・分娩、子どもの通院にかかる本土への交通費や宿泊費を助成する制度がある。

　このような島での就職や起業の支援策の結果もあり、2013 年度までに、246 世帯 361 人の I ターン者が海士町に定住するようになった（U ターン者の統計はとられていない。ただし、産業創出策として雇用創出された 204 人には U ターン者が含まれている[44]）。もっとも、いったん I ターンしてきたものの、さまざまな理由で島外に帰った方も約 40 ％ はいるという。

　海士町の場合は、離島という地理的条件もあり、定住＝就業であっ

43）　2006 年から。主に島外から 1 口 50 万円の出資をつのり、年利 3％ 相当の島内産品を送る。これを原資にして、畜産農家や漁業者に 300 万円が貸し付けられている。

44）　海士町資料。なお、246 世帯の出身地は、中国地方 74 世帯、近畿地方 56 世帯のほか、関東地方 71 世帯も多い。外国 1 世帯（スリランカ）もある。「都会の若者は、自分が活躍の『ステージ』を求め、また島は『やる気』とスキルのある若者を求めていた。それがうまく融合して島の新しい力に発展している。そして彼等はみな高学歴でキャリアを持ち合わせていることも特長的である。……若者・よそ者・馬鹿者が島興しの原動力になっている」とされている。

137

て、住宅支援と雇用促進の両面の総合的な支援が行われている。さらに、Iターンして自分で仕事そのものを見つけるという「起業」もみられるようになった。「新たな仕事として農林漁業を希望する者や、地域への貢献を志している者にとって、海・離島という地理的条件が持っている資源を活用する場として、また、できる場として海士町が選択されている」傾向をもつ「ふるさとの自然活用U・Iターン型」[45]の海士町では、「起業して地域に貢献するためには、前提となる起業を支援する施策・支援が必要であった。特に、『非定住傾向者』が求めていたのは、『U・Iターン相談窓口の設置』、『地域コミュニティ形成のための交流会の開催』であった。つまり、一般的な相談や交流会というだけでなく、起業しようとするU・Iターン者にとって、地域を含め起業者同士の情報交換や、企業に関わる相談ができるところが必要とされて」[46]いたのである。

このような「守り」でつくった財源を「攻め」に生かすとともに、「外貨」を獲得できる外部人材の移住の結果、海士町の自立への道は強固なものになっていったのである。

6　西米良村の人口減少対策の成果と課題

西米良村は、宮崎県のほぼ中央部、熊本県との県境に位置し、総面積 271.56 平方 km のうち 96％ は山林が占める山村である。[47]　人口は

---

45)　北山他【2010】59 頁。

46)　北山他【2010】60 頁。後述する巡の環の創業者自身、起業や島での生活を「先輩」と相談していたし、巡の環自体も、「後輩」たちの相談の場となっているようである。

47)　地理的に見れば、熊本県と宮崎県を結ぶ国道 219 号線が通り、宿場町として栄えていた。周辺地域も治めた藩主菊池則忠は、「すべからく浩然の気を養い、すべからく天下の魁となるべし」とする「菊池の教え」の精神や礼節を重んじ、文武に励み、困窮に耐え、そして郷土・社会・国家を想うこころは今なお、村民の心の中に息づ

第3章　定住政策と地方交付税

1241人（2010年10月国勢調査）であり、そのうち65歳以上が515人
（41.5％）いる。

　昭和30年代は、林業・木炭生産の最盛期だったが、社会情勢の変化
や林業の衰退により急激に人口が減少した。工場の誘致による製造業
の活性化や、公共事業（建設業）を基幹産業とすることとなるが、西米
良村はその地形的な特徴から第二次産業へ移行する条件は小さかった。
しかし、人口流入があり、平成に入って人口は微減にとどめている。

　1990年代、村は、人口減少が進んでいる現状を直視し、実施中の第
3期長期総合計画を大胆に見直し、1996年からの後期計画を「生涯現
役元気村　カリコボーズの休暇村・米良の庄　わくわくプラン（以下、
わくわくプラン）」として立案した。

　「わくわくプラン」では「交流人口対策・観光振興・集落振興・定住
施策」を目玉にして、観光で雇用を吸収しようとしたのである。1996
年に温泉が湧出した。さらに、97年からワーキングホリデー制度を試
行、翌年から本格実施することになる。

　「わくわくプラン」の基本コンセプトは3点ある。1つ目は「豊かな
自然に抱かれたやすらぎの村」。「カリコボーズ」をイメージキャラク
ターとして、一ツ瀬川源流、米良の庄といった先祖から引き継ぎ、未
来へ引き渡すべき豊かな自然をいかした村づくりである。2つ目は「全
村民が生涯現役」であり、健康で長生きして、現役として社会に参加
する村づくりをめざす。村には古くから相互扶助のしくみとして「て
ごり」の風習があり、集落や地域コミュニティの基礎として今なお続[48]

　　いているとされる（西米良村【2011】44頁）なお、菊池則忠の孫にあたる菊池武夫
　　は、亜細亜大学の前身となる興亜専門学校の校長に就任している（1941年）。
　　　以下の記載は、2014年9月の訪問調査をもとにしている。
　48）　現在のように農機具等が十分でなかった時代に、農作業等において、季節的、一
　　時的に労働力が不足する際に、労働力を相互に交換し補う「相互扶助制度」「助け合
　　い」の意味。西米良村【2011】28頁。

139

いている。3つ目は「全村が休暇村」。村外から多くの交流人口を迎え入れ、村内いたるところで交流の華が咲き、双方が笑顔で暮らせる村づくり、をめざすものであった。

さらに、「わくわくプラン」の目標として「米良の庄建設プロジェクト」を掲げ、8つの庄の構想を打ち上げた。村には8つの集落があるが、最低1つのプロジェクトがそれぞれに割り振られている。[49]

村長の黒木定藏は、筆者のインタビュー（2014年9月）に対して、「全村が休暇村というのは、宿泊施設だけが活性化しても意味はない。それぞれの地区で集落が主体的に行う『村民総参加のシステム』が大切なのです。今では、土日にはどこかの集落で、なにがしかのイベントが行われるようになっています。同じものをつくったら、利便性のあるところに負ける。だから、訪れた人の心をうつ『本物』でなければならないし、そのためには自分たち自身が好きでなければならない」と語っている。

「わくわくプラン」が動き出した。

まず、取り組まれたのが「花づくりの庄」である。天包山（竹原地区）に花卉団地を整備し（1995年）、寒暖の差を生かしたビオラやパンジーの作付を行い、Uターンしてきた若者も入植した。[50] その後、花卉の価格低迷で、現在は開発した農地ではカラーピーマン生産が行われている。[51]

また、柚子は、1970年代から栽培が始まり、村内にある加工工場で、柚子味噌、柚子ようかん、柚子こしょうなどの特産品として加工して

49）　昭和の合併も平成の合併も経験していない西米良村の場合、集落は明治の合併に際しての7か村がベースで、それぞれに小学校があったが、1970年代以降閉校していった。

50）　前田【2004】67頁。

51）　JA西都西米良支所調べ。2010年の農産物の販売高は、カラーピーマン4587万円、ゆず2638万円、畜産2193万円、シイタケ1392万円であり、カラーピーマンが稼ぎ頭である。

いる。生産農家の高齢化が目立ってきたので、村は5ヘクタールのユズ園を整備し、20〜30代の3人が2009年度から順次入植し、計4000本を管理している。ユズは植えてから出荷まで5年余りを要するので、収入のない間、村は3人を嘱託職員とした。

　新しく観光にも取り組んでいる。1996年、「健康の庄」として村所地区に掘削した温泉「ゆたーと」の経営をはじめた。「ゆたーと」には食堂が併設されている。食堂や土産物は村内の農産物や加工品が並ぶ。食堂のオススメは、村内で養殖に成功した「西米良サーモン」の料理である。

　「ゆたーと」の運営を行っているのは、第三セクターの「米良の庄」である。一次、二次、三次産業を総合的に展開する総合産業事業起こしの主体として、1000万円は村出資で、商工会、JA、森林組合、米良食品、漁協がそれぞれ5万円出資して設立された。「ゆたーと」のほかに、キャンプ場の経営や、廃業したプロパンガスの販売業も行っている。現在年商1億5000万円ほどで31人の雇用がある[52]。

　2001年からの「西米良村第4次長期総合計画」では、「生涯現役元気村　カリコボーズの休暇村・米良の庄」をキャッチフレーズに、この動きが継続される。

　川遊びの庄として、「川の駅」整備がはじまる。木造車道橋の橋詰に「川の駅」を整備し、西米良村のさまざま（百）な産物（菜）、作る、売る、食べる店（屋）、という意味を込めて「百菜屋」を整備する。過疎債と国庫補助事業（地域間交流施設整備事業）を活用し、2005年に完成、夏にオープンした。食堂部門と野菜等の直売部門合わせて、1800万円程度の売り上げとなっている[53]。

---

52)　朝風呂会、夕風呂会といって、住民によるボランティアが浴室の清掃を行っている。「報酬」は、掃除した後に無料でお風呂に入ることである。

53)　以下は、百菜屋でのヒアリングによる。

百菜屋は、特産品づくりや営農、JA 女性部など 11 の女性グループが共同して「倶楽部百菜屋」をつくり運営している。164 人が登録し、食堂部門では 35 人くらいが、常時 4 人はいるように、シフトを組んで働いている。お給料がでるので、年金以外のちょうどよい現金収入となっている。従業員に聞いたところ「毎日は無理だ。無理しない範囲で働けるし、忙しいことは元気な証拠である」そうだ。

食堂部門の食材はできるだけ村内のものを使い、「しいたけ南蛮定食」という名物料理も考案された。また、カゴ販売といわれる物販は、しいたけや野菜のほか工芸品も販売される。売上の 2 割が手数料として、百菜屋の収入となる（このほか、指定管理料が年間 300 万円ある）。

小川地区のおがわ作小屋村も、施設は行政が建て、運営は地区住民によって行われている。小川地区に行くには国道から分かれている県道を蛇行しながら 20 分程度かかり、突然開けたところが小川集落である。「桃源郷」らしい景観となっている。

小川地区にはかつて藩侯の居候所があったところに郷土資料館があり、民話の里「語り部の庄」としても位置づけられていた。春には、「カリコボーズの山菜まつり」というイベントも行ってきた。

そこに、宿泊交流施設をつくろうというのである（過疎債等を原資に 1 億 3000 万円で建設）。運営は、「小川作小屋村運営協議会」が行っている。

農家レストランで提供する農産加工品については、すでに山菜まつりで地元食材を提供しているノウハウがあったとはいえ、毎日のこと

---

54) 以下は、小川作小屋でのヒアリングによる。なお、作小屋とは、若夫婦に母屋を譲り、親世代は作小屋に住むという西米良村の習慣である。

55) この風景や距離感を生かすため、県道を管理する県事務所に対しては、あえて道路改良は要望しないという。

56) 公民館の外部組織として位置づけられ、公民館長や公民館役員、婦人会などの各種団体から選出された 28 人の委員と役場職員 1 人で構成されている。

である。結果的に、16 の小皿が並ぶ「四季御膳」が完成した。13 人の
パートのお母さんがいるが、平均 73 歳。そのなかから 4 人のチーフが
いて、月々の「四季御膳」のメニューを決めている。4 人のチーフか
ら、同僚のお母さんたちに、郷土の味つけが伝えられていく。

　予期せぬ効果もあがった。宿泊棟は、地元の人の利用も多い。友達
が来た、息子夫婦が来た、そんなときに泊まってもらうことができる
ようになった。

　Uターンや移住者は、小川地区だけで 14 人に増えた。おがわ作小屋
村は、若者の就業機会もひろげて、「雇用の場の確保と若者の定住化」
の二兎を得ている。

　西米良村の村おこし事業は、施設は過疎債を使って行政が建てるが、
運用は、三セク（その多くがUターン者）や村民によるグループをつ
くって自主的自治的に運営することが特徴となっている。運営は住民
に任せることで、雇用を増やすとともに、運営費をできるだけ抑える
ことに成功した。

　1998 年日本初のワーキングホリデー制度を導入した。「都市住民に
おける、あまり費用をかけずに手ごたえのある旅行をしたいというニ
ーズと、一時的に不足する労働力を補いたいという地元の要望を結び
付け、それらの宿泊拠点として、遊休施設化している宿泊施設の稼働
率アップを図る、という 3 つの期待から発想されたものである」[57]。

---

57)　前田【2004】79 頁。また、同書 114 頁には、計画段階で構想した日本型ワーキン
　　グホリデーの活動モデルとして、例えば、夫婦 2 人で 1 週間（6 泊 7 日）滞在し、そ
　　のうち 3 日柚子もぎ採りや花の鉢上げなどを手伝い、4 日ホリデーを楽しむケース
　　が取り上げられている。賃金は時間 600 円（当時の宮崎県の最低賃金）、1 日 7 時間
　　労働であるから 1 人 1 日 4200 円の収入になる。2 人で 3 日働くと 2 万 5200 円。一
　　方、滞在費は双子キャンプ場のコテージ（簡単な自炊設備がついている）で、ワー
　　キングホリデー参加者の場合は何人（といっても最大 5-6 人ぐらい）泊まっても 1
　　棟 3000 円である。つまり、3 日仕事をすることによって費用をほとんどかけずに
　　滞在でき、農家側が支払った賃金もすべて地元に還元され、その間情報交換もでき、
　　かつ村営宿舎の稼働率アップにも繋がることになる、とされていた。

143

しかし、ふたをあけてみると、若い女性の参加が高かった。受け入れた農家自らが参加者と結婚した例もある。事業主体の「米良の庄」によると、2013年までの実数401人のうち、男性138人に対し女性は263人とほぼ3分の2である。出身地別にみると、宮崎県が188人と約半分（47%）をしめ、その他の九州が97人（24%）さらに残りの半分、関東・東海、関西で91人（23%）である。平均滞在日数は5.4日。定住につながったケースも2人いるという。

ワーキングホリデーは、もう一つの効果を生んだ。「地方の誇りと活性化を取り戻すことである」。「人口が激減し、ともすれば自信を失いかけていた。しかし、ワーキングホリデーで来てくれた人数は少ないものの、楽しそうに仕事を手伝ってくれ、しかも何度も来て『素晴らしいところですね』といってくれる利用者の言葉は、"心の過疎"を吹き飛ばしてくれ」[58]たのである。

西米良でも定住住宅の整備を行っている。独身者向けの定住住宅は1997年3月に第1期分が完成。さらに、U・Iターン者が増加したことから、2000年3月に第2期分が増築された。「定住住宅は若者たちの『たまり場』となり、村外出身の22歳の女性は『仲間がすぐできて地域に溶け込みやすかった』と話す。交流を深めた結果、入居者同士や住民との結婚が30人に迫り、今や"縁結び住宅"とも呼ばれている」[59]。

住まいはできた。結婚等による「卒業」後の住まいも、マイホーム建設祝い金などの仕組みもつくった。次は子育てだ。

子どもを出産しやすい環境づくりとしては、妊婦健診や妊婦の歯科健診、子ども医療費の助成、保育料の減免などのほか、教育関係の支援もある[60]。4km以上の通学者にはバス代金が全額支給される。修学旅

---

58) 前田【2004】121-122頁。

59) 西日本新聞2004年7月18日付。

60) 以下は、福祉健康課へのヒアリングによる。また、中武【2014】も参照。

144

第3章　定住政策と地方交付税

行は全額補助される。

　また、村内には高校がなく、地理的に通学はほぼ不可能なので、下宿をする高校生が多い。そのため「支援手当」が月3万円支給される。高校生や大学生には、菊池奨学金からの貸付（月3万円）も行われ、村内の就業で返済が免除される。

　特筆すべきは、「すくすく子育て支援金」であろう。「買物券」を月8000円分、未就学児を持つ子育て世代に交付しているもので、買い物代金から上限2割まで使うことができる。西都市などにあるショッピングセンターに行くより自己負担額が低くなる。これもあって村には、ガソリンスタンドや電器店、食料品店があり、商工振興にもひと役かっている。

　西米良村【2011】では、「財源の約7割を地方交付税や国・県からの補助金、地方債等に依存しており、自主財源の中心となる村税については、公共事業の縮小や経済情勢により今後の増収は見込めない状況です」[61]としたうえで、「国の予算措置や制度改正等の動向を見極め、これまでの枠組みや前例にとらわれることなく、村の実態を十分考慮しながら、実績にもとづく政策評価、事業の絞り込みを行うとともに、村民の視野に立った、真に必要な施策の展開を図ります」[62]という財政運営方針を掲げている。

　この間の性質別歳出を見ていこう（表3－10）。島根県海士町ほどではないが、かつては公共事業の規模は大きかった。その削減分増額しているのが「積立金」である。

　村長の黒木定藏は言う。「財政運営の基本としては、施設建設をするにしても基金をためる。そうしないと硬直する。地方債現在高は、10年前の平成15年度末には26億円だったのが、25年度末には21億円

---

61)　西米良村【2011】97頁。
62)　西米良村【2011】99頁。

145

表3−10　西米良村の主な性質別歳出の推移

（単位：千円、人、％）

	1985 年	1990 年	1995 年	2000 年	2005 年	2010 年	2015 年
人件費	314,853 (21.6)	388,912 (18.5)	482,289 (16.4)	518,840 (17.3)	446,100 (14.2)	404,530 (15.2)	419,986 (15.8)
扶助費	6,455 (0.4)	3,826 (0.2)	143,540 (4.9)	43,657 (1.5)	54,114 (1.7)	87,761 (3.3)	88,851 (3.3)
普通建設 事業費	505,012 (34.7)	639,276 (30.4)	1,038,318 (35.4)	966,311 (32.3)	267,540 (8.5)	503,264 (18.9)	581,452 (21.9)
積立金	77,321 (5.3)	279,608 (13.3)	288,960 (9.9)	421,103 (14.1)	469,573 (14.9)	590,661 (22.1)	430,855 (16.2)
公債費	297,861 (20.5)	264,802 (12.6)	212,014 (7.2)	190,495 (6.4)	268,480 (8.5)	311,472 (11.7)	207,927 (7.8)
歳出合計	1,455,171	2,100,971	2,933,223	2,995,356	3,143,849	2,668,304	2,652,874
人口	1,989	1,694	1,543	1,480	1,307	1,241	1,089

注：人口は同年の国勢調査人口。
出所：西米良村資料、『市町村別決算状況調』から作成。

まで下がっている。そのうち 10 億円は臨財債分である。積立金現在
高は、25 年度末で 31.6 億円。27 年度に予定する庁舎建設に充てる」[63]。
結果、経常収支比率は 73.0（平成 25 年度決算）で、県内の 17 町村の
単純平均 83.1 と 10 ポイント低い（16 位）。事業を精査し、硬直しな
い財政運営を行ってきたからこそ、少子化対策のソフト事業が充実で
きるのだろう。

小　括

　本稿の課題は、これまでの定住政策について振り返るとともに、先
進地とされる事例を紹介することで、定住政策の今後の課題を考える
ことであった。

---

63)　実際の庁舎建設は、平成 29 年度に解体工事、平成 30 年度から建設工事となって
いる。

第3章　定住政策と地方交付税

　まず第1節では、1990年代の定住政策について概括した。その原資は地方交付税であり、その縮小が定住政策に影響していることを示した。第2節では、定住政策のうち定住住宅建設について、徳島県山城村を事例に検証した。定住者の促進、公共事業を通じた建設業の活性化はあったが、自治体財政に大きな影響をもたらすことになった。第3節では、先進事例や各種のアンケート結果から、産業振興や住宅建設のみで住民は定住を決断することはなく、定住政策の総合化が求められていることが明らかになった。第4節では、90年代後半には、単独事業が財源の一定程度ある規模の大きな自治体によって行われるようになったことを、群馬県の事例で示した。第1節でみたような地方交付税の削減が、規模の小さな自治体での、公共事業にも定住政策の展開にも暗い影を落としたのである。

　最後に海士町と西米良村についてケーススタディを行った。第5節では、産業振興や雇用確保にとどまらない総合化を行っている海士町を、第6節では、ワーキングホリディなどの形での活性化を、住民が担い手となることで行っている西米良村をりあげた。財源との関連でいえば、定住政策に向けてのソフト事業は単独事業であり、財政構造改革期で地方交付税が期待できない以上、公共事業をリストラしての財源の捻出が行われたのである。

　定住政策、広い意味での地域振興は限られた財源のなか市町村によって実施されてきた。国によって政策課題として取り上げられ、地方財政計画に掲載された地方分権さきがけ期には、さまざまな定住政策が取り組まれ、移住者の増にもつながった。構造改革期に地方交付税が抑制されると、定住政策をとりやめる自治体もあらわれた。定住政策をすすめる自治体では、他の財源、特に公共事業から財源を振り向けて実施せざるをえなかったのである。

147

第4章

地方創生と地方交付税

　地方（まち・ひと・しごと）創生が各地の地方自治体において取り組まれている。

　地方創生とは、「人口減少が地域経済の縮小を呼び、地域経済の縮小が人口減少を加速させる」悪循環を断ち切るために、「長期的には、地方で「ひと」をつくり、その「ひと」が「しごと」をつくり、「まち」をつくるという流れを確かなものにしていく必要がある」[1]として、国による切れ目のない支援をえて、地方自治体が、「しごとの創生」、「ひとの創生」、「まちの創生」に一体的に取り組むものだとされる。

　改めて述べるまでもなく、少子化や人口減少問題への対策、地域における雇用の創出などの地域振興施策は、これまでも地方自治体によって取り組まれてきた。地方（まち・ひと・しごと）創生にあたっては、これまでの取組みにおいての政策課題を明らかにしなければならない。とりわけ、人口減少に見舞われている地方部は、いわゆる過疎地域が多く、独自の税源は少なく、国からの財源移転が必要であり、地方創生のためにふさわしい財源についての検討も必要である[2]。

　そこで、本章では、地方創生について、財源の側面から考えることとしたい。

---

1) 「まち・ひと・しごと創生総合戦略」（2014年12月27日閣議決定）2頁。
2) 　地方創生ははじまったばかりの政策であり、「政策提言」はみられるものの、その評価に関する先行研究としては、管見のところ、論点を整理した松田【2015】程度である。

149

まず、第1節で、国における地方創生施策の展開をまとめる。第2節では、特に基準財政需要額の算定にあたり人口減少等特別対策事業費について補正係数を検討する。第3節では、地方創生のために財源保障された基準財政需要額の配分の特徴について述べる。

1　地方（まち・ひと・しごと）創生の意味

　本節では、地方創生の背景について整理する。

　地方の活性化や東京一極集中の是正については、20世紀から政策課題とされ取り組まれてきた。それが「地方創生」という言葉でとりまとめられたのは最近のことである。

　安倍政権のもとで、2014年9月に発足した「まち・ひと・しごと創生本部」は、この年の「骨太の方針2014」が示した「50年後に1億人程度の安定した人口構造を保持する」との目標達成に向け、「長期人口ビジョン」と「まち・ひと・しごと総合戦略」の検討をすすめた。

　2014年内に策定された「総合戦略」では、地方は「人口減少が地域経済の縮小を呼び、地域経済の縮小が人口減少を加速させる」という負のスパイラルに陥るリスクが高いとして、「東京一極集中」の是正、若い世代の就労・結婚・子育ての希望の実現、地域の特性に即した地域課題の解決、の3つの基本的視点から取り組むこととされた。

　具体的には、「しごと」が「ひと」を呼び、「ひと」が「しごと」を呼び込む好循環を確立するとともに、その好循環を支える「まち」に活力を取り戻すことをめざし、しごとの創生（若い世代が安心して働ける「相応の賃金、安定した雇用形態、やりがいのあるしごと」という「雇用の質」を重視した取組みを行う）、ひとの創生（地方への新しい人の流れをつくるため、若者の地方での就労を促すとともに、地方への移住・定着を促進する取組みと、安心して結婚・出産・子育てが

150

第4章　地方創生と地方交付税

できるようにする)、まちの創生（地方で安心して暮らせるよう、中山間地域等、地方都市、大都市圏等の各地域の特性に即して課題を解決する）をすすめることとされた。

たしかに、人口減少は経済の停滞につながる可能性が高いことから、その対応策は必要である。とりわけ地方部において、東京への人口移動が、特に若年層において顕著になっていることからも必要である。その意味では、地方部に仕事を量質ともに確保することを政策の柱にしたことは評価できる。

しかし一方で、まちの創生の項目として、「小さな拠点」の整備や[3]地方自治体間の連携が盛り込まれている。経済効率を求める経済主体の行動を前提にするなら、東京をはじめとする大都市への集中は当然の方向なのであって、わざわざ人口が少なく経済力の小さい、したがって稼得機会が小さく応分の所得しか得られない地方部に仕事を用意しても、そこの人口がとどまる保障はない。地方中枢都市等で人口の「ダム機能」[4]をつくっても、将来的には東京圏に吸われてしまう可能性も高い。

東京圏への人口移動が経済法則であることは、日本創生会議も認めており、「これまでの人口移動の状況から見て、大都市圏（特に東京圏）への人口流入は、地方と大都市圏域における所得格差や雇用情勢の違いと密接に関連している。その点で、地方と大都市圏の経済・雇用に関する格差が縮小していくシナリオは期待しがたい」[5]から、社会保障・人口問題研究所の推計のように地方から東京圏への人口移動が

---

3)　国土交通省のパンフレットによれば、「小学校区など、複数の集落が集まる地域において、商店、診療所などの生活サービスや地域活動を、歩いて動ける範囲でつなぎ、各集落とコミュニティバスなどで結ぶことで、人々が集い、交流する機会が広がっていく。新しい集落地域の再生を目指す取組み、それが『小さな拠点』です」とされている。(http://www.mlit.go.jp/common/000992106.pdf)

4)　増田【2014】47頁。

5)　増田【2014】26頁。

151

一定期間後に収束することはなく、今後も続くとして「消滅自治体」が続出する人口推計を行ったのである。

　ところが、「まち・ひと・しごと創生総合戦略」づくりにあたっては、このような経済性を斟酌しない、次のような論理が主張された。

　たとえば、2014年9月に開催された「まち・ひと・しごと創生第1回会議」で報告された「東京在住者の今後の移住に関する意向調査」結果報告によると、「今後移住する予定又は移住を検討したいと回答した人（「今後1年」「今後5年をめど」「今後10年をめど」「具体的な時期は決まっていないが、検討したい」の合計）は、全体の約4割」いることになっており、移住するうえでは、「『働き口が見つからないこと』『日常生活や公共交通の利便性』『給与が下がる可能性』といった不安・懸念材料があるので、『地方にしごとをつくり、安心して働けるようにする』ことと、『時代に合った地域をつくり、安心なくらしを守る』ことが必要」と結論づけている。しかし、同報告書本文を読むかぎり、「移住したい理由」は「スローライフを実現したい（下線は筆者）」とされるように、経済性を度外視したあくまで「希望を問う」アンケートなのである。

　また、人口規模の小規模の自治体に住むほうが「幸せ感」が低いというアンケート調査がある。

　「幸せ感」は経済性のみで決まるものではないが、一般に、人口の少ない地域においての所得水準は低く、スローライフや出身地だからなどの愛郷心と、経済性をともなう都会での生活とのはざまで人々は

---

6)　http://www.kantei.go.jp/jp/singi/sousei/souseikaigi/dai1/siryou2.pdf 東京都在住の18歳から69歳までの男女1200人に対するインターネットを活用した調査。

7)　NTTデータ経営研究所が、人口4万人以下の自治体に住む20代から50代の男女1050人に対し実施。「あなたは今幸せですか」という質問に対し、町村部では3.6％だったが、3から4万人の市部では18.1％が幸せだと答えている。http://www.keieiken.co.jp/aboutus/newsrelease/140708/supplementing01.html

第4章　地方創生と地方交付税

揺れているのであり、仕事を確保すれば地方への移住がすすむと考えるのは早計である。このことは、かつてからの全国総合開発計画（全総）をはじめとする地域開発の歴史から明らかなことであるし[8]、第3章で検討したように定住政策の総合化が求められているところである。

一方で、地方回帰、田園回帰はあるとされる[9]。もちろん都市圏から地方への移住者は今後とも見込まれるだろう。そういう人対策として、地方での仕事の量質ともの確保・充実が求められていることは確かである。

さて、経済性を度外視して、地方への人口移動を薦める地方創生では、一方の東京圏はどのような未来が想定されているのであろうか。「まち・ひと・しごと創生長期ビジョン」では、次のように記載されている。

まず、東京一極集中をなぜ是正する必要があるのかと問い、それは「（東京一極集中の是正）により地方に住み、働き、豊かな生活を実現したい人々の希望を実現するとともに、東京圏の活力の維持・向上を図りつつ、過密化・人口集中を軽減し、快適かつ安全・安心な環境を実現する」（9頁）ためだとする。東京圏の活力の維持・向上を図ることが目的なのである。

「東京圏では今後、高齢者の急増が予想されている。全ての団塊世代が75歳を超える2025年以降は、介護や医療サービスの需要が一挙に増大する可能性が高い。東京圏では、現状においても介護分野は人手不足が深刻であるが、高齢者数の増加傾向がこのまま推移するならば、今後膨大な数の介護人材が追加的に必要となる」（5頁）、「若い世代がこのまま東京圏へ流入し続けるならば、子育て支援サービスの不足が

---

8)　地域開発の総括については、宮本【1973】などを参照。その後の「内発的発展」論につながった。
9)　小田切他【2015】ほか。とりわけ若者を中心に田舎暮らしが始まっているという。

153

続くおそれもあり、また過酷な通勤環境や厳しい住環境は、子育てと就労の両立の実現を程遠いものとするおそれがある」（14-15頁）。このまま若い世代が東京に集中する傾向のまま推移すると、東京圏にはこのような問題がおきる。そうならないために、地方を活性化させ人口集中をさせない取組みが必要なのである。

　国における「まち・ひと・しごと創生総合戦略」は毎年改定され、そのたびに新たな装いをもっている。

　2016年に改定された国の「まち・ひと・しごと創生戦略」では、「稼ぐまちづくり」[10]を標榜し、「新たなしごとと投資の流れを生み出すローカル・アベノミクスを全国津々浦々まで浸透させ」るために、観光面での日本版DMO[11]や地域の特産品を都市部や輸出にまわす地域商社などの積極的推進がうたわれることとなった。さらに、「都市部の経験豊富なプロフェッショナル人材の活用」まで盛り込まれた。これらの新事業のノウハウは地方部にはないことが多く、都市部からの移住（二地点居住含む）が想定されているのであろう。

　一方、東京圏の将来はどうなるのか。「まち・ひと・しごと創生総合戦略（2014改訂版)」では、「これまで東京圏は、国内の人材や資源を吸収しながら、日本の成長のエンジンとしての役割を果たしてきた。その重要性は変わらないが、今後は日本のみならず世界をリードする『国際都市』として、ますます発展していくことが強く期待される」（15頁）。これが、政府の目指す、地方創生の中の東京像なのである。

　「まち・ひと・しごと創生総合戦略（2018改訂版)」では、東京一極集中を是正するため、UIJターンによる起業・就業者を増やす等の「わくわく地方生活実現政策パッケージ」と、地方中核都市を機能強化し

10）　https://www.kantei.go.jp/jp/singi/sousei/meeting/honbukaigou/h28-12-22-siryou1.pdf

11）　DMOは、Destination Management Organizationの略。多様な関係者と協同しながらコンセプトを重視した観光地域づくりをめざす組織体。

都市の魅力を高めるまちづくりを進めるとしている。

以上見てきたように、政府の進める地方創生は、地域経済の疲弊と人口減少に見舞われている地方を活性化するためのあれこれの工夫をこらした施策のように見える。しかし、東京一極集中をもたらした経済性を軽視しているにとどまらず、世界都市たる東京圏をそのままに、東京を支える地方の姿を描いているのである。

2　人口減少特別対策事業費における競争の論理

本節では、地方（まち・ひと・しごと）創生事業を支える財源保障の仕組みとその問題点について述べる。

国が地方自治体の地方（まち・ひと・しごと）創生施策を支援する財政上の仕組みについて見ると、まず、2014 年度の補正予算で 3275 億円が措置された。

地方創生に関して新設された、地域住民生活等緊急支援のための交付金（地域消費喚起・生活支援）2500 億円と、地域活性化・地域住民生活等緊急支援交付金（地方創生先行型）1700 億円[12]、そのほか 282 億円である[13]。前者は、いわゆるプレミア商品券事業に充当されたほか、補正予算の時期柄、灯油購入費補助に充てた自治体もあったようである。

2015 年度当初予算では、国庫支出金として 7225 億円が措置された。地方（まち・ひと・しごと）創生の 4 目標にあわせて、①「地方にしご

---

12)　この交付金は、先行型交付金 1400 億円と上乗せ交付金 300 億円に分けて配分されることとなり、じっさいの交付決定は 2015 年 11 月に行われた。前者は、観光振興関連事業に多く支出され、後者は、同時期に策定された地方自治体ごとの「まち・ひと・しごと創生総合戦略」の事業を先行実施するものとして予算化された。前者、後者とも、補助率は 10/10 である。

13)　http://www.kantei.go.jp/jp/topics/2015/h26hosei_yosan.pdf。

とをつくり、安心して働けるようにする」1744億円、②地方への新しいひとの流れをつくる」644億円、③「若い世代の結婚・出産・子育ての希望をかなえる」1096億円、④「時代に合った地域をつくり、安心なくらしを守るとともに、地域と地域を連携する」3741億円が措置された（特別会計予算も含む）[14]。これらは、国として行う事業に充てるとともに、国庫支出金として地方自治体に配分された。これらの多くは、従来からある補助金メニューをベースにしたものであろう。

2015年当初予算では地方創生のための補助メニューはなかったが、補正予算で「地方創生加速化交付金」1000億円のメニューが作られた[15]。

2016年度からは、地方創生推進交付金（1000億円）として制度化され（対象事業を地域再生計画として申請・採択されることを条件とする）、全額補助から2分の1補助となった。地方負担分については、その半分は標準的な経費として普通交付税により[16]、残りの5割については、事業費に応じて特別交付税により措置される制度設計である（以降、当初予算で1000億円＝事業費ベース2000億円が計上される）。

これらの補助金（交付金）を受けるためには、当該事業が、地方自治体の「まち・ひと・しごと創生戦略」に記載されることが必須条件とされているが、「戦略」そのものは任意に改定可能であった。とはいえ、ハード整備については、総事業費の2分の1以内が原則とされた。そこで、2016年度の補正予算で、地方創生拠点整備交付金が創設された。これは、当該自治体が策定し、国が認定する地域再生計画に盛り込むことを条件とし、総事業費の8割程度にまでハード整備を認める

---

14) http://www.kantei.go.jp/jp/singi/sousei/chihosogo/siryou3-2.pdf。
15) 自治体の「まち・ひと・しごと創生総合戦略」に登載された事業を「加速化」するための交付金で、加速化交付金の交付決定は2016年3月であり、全額が翌年度に繰り越された。加速化交付金も補助率は10/10である。
16) 「標準的な経費として普通交付税により」とは地方創生推進交付金の申請や採択にかからわず、単位費用に含めている、という意味である。

第4章　地方創生と地方交付税

ものであった（900億円＝事業費ベース1800億円。2017年度以降も補正予算で600億円＝事業費ベース1200億円）。

　これらの国庫支出金は、補助金（交付金）である以上、補助要綱に従うことは当然のこととして、国による採択があり、また事後に会計検査も行われる。しかも、申請に当たっては、当該事業における効果をKPI指標とすることが求められる。加えて、国における地方創生戦略の重点の変更も行われている。2016年の地方創生戦略の改定と地方創生担当大臣の交代にともない、「ローカル・アベノミクス」が前面にだされ「稼ぐ力」が採択にあたっては重視された。これにより集権化が強化され、「競争の時代」という評価をすることもあながち間違いではないだろう。

　このような交付金と別に、2015年度当初予算以降、地方財政計画に「まち・ひと・しごと創生事業費」として1兆円の歳出が計上された。これは基本的に地方交付税として地方に配分されるため、国による誘導の管理下にはなく、地方自治体側の創意を発揮できるものとされる。問題点はないだろうか。

　まず、財源についてである。地方創生に充てるための1兆円とは言いつつ、前年度までの「地域の元気創造事業費」3500億円の廃止（地方財政計画上は廃止されたが、地方交付税の配分の基礎となる基準財政需要額の算定項目としては残る）と、歳出特別枠であるところの「地域経済基盤強化・雇用等対策費」が1500億円縮減されているので、[17]純増は5000億円である。

　この財源は、法人住民税法人税割の交付税原資化にともなう偏在是正効果1000億円もあるが、地方公共団体金融機構の公庫債権金利変動

---

17)　地域経済基盤強化・雇用等対策費は、2014年度11950億円が2015年度は8450億円と3500億円縮減しているが、総務省資料「地方財政計画の概要」ではこのうち1500億円を「まち・ひと・しごと創生事業費」に振り替えたようである。

準備金の活用 3000 億円と、過去の投資抑制による公債費減に伴い生じる一般財源の活用 1000 億円という具合に、いわば「埋蔵金」を活用してのねん出となっている。「今後、偏在是正を更に進めること等により恒久財源を確保する方針」と記されているように、事業開始の 2015 年度からその財源の危うさが見えるところを第一の問題点として指摘しておきたい。[18]

第二の問題点は、基準財政需要額の算定において、「取組の成果」が盛り込まれたことである。ここに「競争の時代」を見ることができる。

基準財政需要額の新たな項目「人口減少等特別対策事業費」の算定に当たっては、都道府県分として 2000 億円、市町村分として 4000 億円としたうえで、それぞれ、まち・ひと・しごと創生の「取組の必要度」及び「取組の成果」にもとづいて、**表4−1**のように配分されることになった。

市町村分について補正係数を具体的な配分を見ていくと、以下のように算定されることになった。

測定単位は「人口」であり、「単位費用」（3400 円）×「人口」（国勢調査人口）×〔（「段階補正係数」×（「経常態容補正係数Ⅰ」＋「経常態容補正係数Ⅱ」）〕である。態容補正Ⅰは取組の必要度、態容補正Ⅱは取組の成果にもとづく補正係数である。

まず、段階補正係数は、人口に応じて注のような算式で計算される。[19]

18）　2016 年度以降は埋蔵金等の捻出にはなっていないが、「まち・ひと・しごと創生に要する経費の財源を措置するため、「地域の元気創造事業費」に加え、当分の間の措置として「人口減少等特別対策事業費」を設けること」（https://www.pref.saitama.lg.jp/a0107/kou-tantoukara/documents/02kijyunzaiseijyuyogaku.pdf）と「当分の間」という表現も見られる。

19）　100 万人超　（「人口」× 0.47 + 126,500）÷「人口」
　　　25 万人以上 100 万人以下　（「人口」× 0.52 + 76,500）÷「人口」
　　　10 万人以上 25 万人以下　（「人口」× 0.71 + 29,000）÷「人口」
　　　3 万人以上 10 万人以下　（「人口」× 0.79 + 21,000）÷「人口」
　　　2 万人以上 3 万人以下　（「人口」× 0.79 + 21,000）÷「人口」

第４章　地方創生と地方交付税

表４-１　「人口減少等特別対策事業費」の推移

		取組の必要度	取組の成果	計
2015 年度	道府県分	1,670 億円程度	330 億円程度	2,000 億円程度
	市町村分	3,330 億円程度	670 億円程度	4,000 億円程度
2016 年度	道府県分	1,670 億円程度	330 億円程度	2,000 億円程度
	市町村分	3,330 億円程度	670 億円程度	4,000 億円程度
2017 年度	道府県分	1,560 億円程度	440 億円程度	2,000 億円程度
	市町村分	3,110 億円程度	890 億円程度	4,000 億円程度
2018 年度	道府県分	1,450 億円程度	550 億円程度	2,000 億円程度
	市町村分	2,890 億円程度	1,110 億円程度	4,000 億円程度
2019 年度	道府県分	1,330 億円程度	670 億円程度	2,000 億円程度
	市町村分	2,670 億円程度	1,330 億円程度	4,000 億円程度

出所：総務省資料による。
　　　http://www.pref.okayama.jp/uploaded/life/416309_2623239_misc.pdf
　　　2017 年度は、http://www.soumu.go.jp/main_content/000498587.pdf

　この式は、人口 10 万人の標準団体は 3 億 4000 万円、人口 2 万人で
は 1 億 2512 万円、人口 100 万人では 20 億 2810 万円といったように、
人口規模別の標準行政経費を試算して、これに見合うように算定式を
あてはめたものである。人口 1 万人程度の自治体でも 1 億円程度の配
分がなされるように段階補正係数を決めるのである。人口の極少数の
自治体だと補正係数は大きくなりすぎるので、上限は 15 と定められて
いる（810 人未満の自治体が該当）。1999 年からの段階補正見直しにあ
たって、人口 4000 人未満自治体の段階補正係数が上限とされていたこ
とを考えると、人口の少ない自治体にかなり厚い段階補正係数となっ
ている。なお、15 という上限は、「包括算定経費」のうち面積を測定
単位とするもの（従来の投資的経費に相当）にあわせたのであろう。
　つぎに、態容補正が設けられる。これには、取組の必要度分を算定
する「経常態容補正Ⅰ」と、取組の成果分を算定する「経常態容補正

---

1 万 2000 人以上 2 万人以下　（「人口」×0.90 ＋ 18,800）÷「人口」
1 万 2000 人未満　（「人口」×1.14 ＋ 15,920）÷「人口」。

159

Ⅱ」とがある。

「経常態容補正係数Ⅰ」は、現状の指標が悪い自治体に割増すもので、
[0.4×（10年前との人口増減率の全国平均との比率）＋0.075×（転入者
人口比率の全国平均との比率）＋0.075×（転出者人口比率の全国平均と
の比率）＋0.075×（年少者人口比率の全国平均との比率）＋0.075×（自
然増減率の全国平均との比率）＋0.075×（若年者従業率の全国平均との
比率）＋0.075×（女性就業率の全国平均との比率）＋0.075×（有効求人
倍率の全国平均との比率）＋0.075×（1人当り各産業の売上高の全国平
均との比率）]×α[20]、で計算される。産業全般ではなく、農産物販売農
家、製造品出荷額、小売業・卸売業年間販売額のみが集計される。

「経常態容補正係数Ⅱ」は、「全国と比較して改善度合の大きい団体
の需要額を割増す」もので、[0.4×（10年前との人口増減率の伸びを用
いた係数）＋0.1×（転入者人口比率の伸びを用いた係数）＋0.1×（転出
者人口比率の伸びを用いた係数）＋0.1×（年少者人口比率の伸びを用い
た係数）＋0.1×（自然増減率の伸びを用いた係数）＋0.1×（若年者従業
率の伸びを用いた係数）＋0.1×（女性就業率の伸びを用いた指数）]×β、
で計算される。

これらの補正係数のもととなる指標は、経常態容補正Ⅰにおいては
全国平均との比率であり、経常態容補正Ⅱにおいては、全国との比較
であることに留意したい。全国平均との比率であるためゼロサム状態
になってしまい、仮にすべての自治体が頑張って同程度改善したとし
たら増額されることはない。頑張った自治体への配分は、「頑張らなか
った」自治体からのマイナスで確保されるのである。こうした競争が
もちこまれた、これが、算定方式の第二の問題点である。

---

20)　α（経常態容補正Ⅱにかかるβも同じ）とは、「基準財政需要額合計額を○○億円
　　に合わせつけるための係数」のことである。2015年度では、合計額が330億円にな
　　るように0.964とされ、経常態容補正Ⅱについては、合計670億円になるようにβは
　　0.114とされた。

第4章　地方創生と地方交付税

表4-2　A町における「人口減少等対策事業費」にかかる
　　　　経常態容補正係数

	2015 年度	2016 年度	2017 年度	2018 年度	2019 年度
経常態容補正 I	0.639	0.625	0.585	0.544	0.503
経常態容補正 II	0.224	0.225	0.355	0.473	0.530
合　計	0.863	0.850	0.940	1.017	1.033

注：2017 年の増加は、2015 年度の国勢調査結果による人口増を反映したもの。
出所：A町の地方交付税算定台帳から作成。

　算定に関連しての第三の問題点は、「頑張った」「頑張らなかった」
指標に、人口等の指標が採用されていることである。しかも、10 年前
（2002 年から 2004 年の人口増減率の平均値）の指標との伸び率で考え
ることとされている。

　地方における人口減少への対策は急務であり、一見、人口を指標と
して「頑張った」という評価をすることはふさわしいように思われる。
しかし、東京一極集中や県庁所在地や地方中枢都市へのミニ一極集中
と呼ばれる事態は、当該の地域が「頑張った」から起きたのであろう
か。

　人口 1 万 5000 人程度の A 町についてみてみよう（表4-2）。A 町
は都市近郊に位置しており、人口は微増傾向にある。経常態容補正係
数 I は取組の必要度を反映するので、人口増自治体は割り落とし、人
口減少自治体に割り増しされる。

　経常態容補正係数 II は、取組の成果を反映するもので、10 年前の人
口等からの伸び率を基礎データとしている。A 町の場合、人口増傾向
には近年陰りがでているが、10 年前と比べるとその伸びは大きく、指
数は大きくなってはいる。ところが、先ほどの基準財政需要額総額を
全国合計で定額にするための β があるため、結果的に 0.224（2015 年
度）という係数になっている。

　なお、経常態容補正 II については、2017 年度から 2019 年度にかけ

161

て「取組の成果」を3年間かけて完全に反映させることとされており、A町においての目標にむけ0.13ポイントずつ上昇することになっており、2018年度までは上昇した。2019年度の補正係数は予定より低くなっているが、人口増を補正係数の算定に加えることで、毎年、補正係数にして0.1程度、金額にして1000万円弱が増加しているのである。

　この「取組の成果」のように、自治体の外形ではない要素を基準財政需要額に反映させることは、「地域の元気創造事業費」についても見ることができる。

　「地域の元気創造事業費」の算定は、「単位費用」×「人口」×[「段階補正係数」×(「経常態容補正係数Ⅰ」+「経常態容補正係数Ⅱ」)]で算定される。経常態容補正係数Ⅰは、職員定数の状況、ラスパイレス指数の状況、地方債残高削減率など行革努力を反映する部分であり、経常態容補正係数Ⅱは、農業産出額、製造品出荷額、小売業年間商品販売額、観光客（宿泊者数）、若者者就業率、事業所数の伸び、県民所得や地方税収等の地域経済活性化を反映する部分である[21]。

　地域の元気創造事業費については、基準財政需要額の配分は**表4-3**のようになっていた。行革努力分は、都道府県750億円、市町村2250億円、地域経済活性化分は、都道府県125億円（2015年度は225億円）、市町村375億円（2015年度は675億円）である。2015年度には、地方財政計画上は3500億円から4000億円に増額したことを反映し、増額の500億円は、地域経済活性化分という成果を反映する部分として400億円（道府県100億、市町村300億）と、特別交付税100億で配

---

21)　行革努力と地域経済活性化というあまり関連のない項目をあわせたことについて、「①行革により捻出した財源を活用して、地域経済活性化の取組を行っていると考えられることや、②地域経済活性化に積極的に取り組み、成果指標を伸ばしている団体は、地域経済活性化の取組をより多く取り組んでいると考えられることから、算定に当たって、行革努力や地域経済活性化の成果を反映させる」。地方交付税制度研究会『平成26年度　地方交付税制度解説（補正係数・基準財政収入額篇）』153頁。

第 4 章　地方創生と地方交付税

表 4 - 3　「地域の元気創造事業費」の推移

（単位：億円）

		行革努力分	地域経済活性化分	計
2014 年度	道府県分	750	125	875
	市町村分	2,250	375	2,625
2015 年度	道府県分	750	225	975
	市町村分	2,250	675	2,925
2016 年度	道府県分	750	225	975
	市町村分	2,250	675	2,925
2017 年度	道府県分	670	310	980
	市町村分	2,000	920	2,920
2018 年度	道府県分	590	395	985
	市町村分	1,750	1,165	2,915
2019 年度	道府県分	500	475	975
	市町村分	1,500	1,425	2,925

注：2017 年度から 3 年間かけて、段階的に行革努力分の算定から地域
　　経済活性化分の算定へ 1000 億円シフトすることになっている。
出所：総務省資料による。

分されることとなった。

　この配分は、2017 年度から 3 年間かけて、段階的に行革努力分の算定から地域経済活性化分の算定へ 1000 億円がシフトすることとなっている。

　各年度について基礎データにはあまり違いがないと思われる（元の統計データをとるタイミングも毎年ではない）ので、基準財政需要額の総額をそろえるため、態容補正係数の最終盤に、α や β という係数をかける手法がとられている。このように総額を一定にすることで、いっそう競争は相対評価化する。人口減少特別対策事業費について見たように、「頑張った」自治体は「頑張らなかった」自治体のマイナスによって財源が増えていくのである。

　なお、このような「取組の成果」を反映させる「競争の時代」は、2005 年の「行革インセンティブ算定」からはじまり、2007 年の「頑

張る地方応援プログラム」に引き継がれ、本格化した。行革インセンティブ算定とは、基準財政需要額の算定における標準行政経費の計算において、全団体の平均から3分の2に計算方法が変更されたために、公務員定数や人件費の削減に「頑張った自治体」にとっては、一般財源が十分に活用できなくなったのである[22]。このため、「頑張った」自治体に対して、従来でいう基準財政需要額の差額を補てんする必要があった。しかし、近年にいたってこのような「行革努力分」は、地方の元気創造事業費においては、その比重を下げていく方向がとられているのである。

以上見てきたように、地方創生を標榜し地方交付税の増額が図られているが、「競争の時代」を反映して、「取組の成果」を補正係数に採用することとともに、補正係数を全国平均との比率にすることで、「頑張った自治体」「頑張らなかった」自治体に分け、相対的な競争を促すものとなっている。

3 まち・ひと・しごと創生事業費及び 枠配分経費の全国的傾向

本節では、地方財政計画において歳出特別枠として増額された経費の配分傾向について検討する（歳出特別枠の規模と内訳については**表1-4**［51頁］を参照）。

まず、都道府県について、その配分傾向を見るために、人口規模別

---

22) 分かりやすいたとえでいえば、公務員1人当り600万円の給与費が基準財政需要額の算定基礎とされていて、当該行政分野に1人が必要だとして、公務員人件費の100万円削減に頑張った自治体にとっては、従来の基準財政需要額の計算通り600万円が地方交付税として配分されるため、100万円が他に使える。ところが2/3ルールとなり、公務員人件費の算定基礎が550万円に下がったとなると50万円分しか活用できなくなる。

164

第4章 地方創生と地方交付税

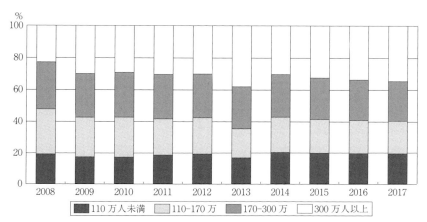

出所:『地方交付税関係係数資料』各年版より作成。

図 4-1 都道府県人口別歳出特別枠の配分シェアの推移

(2015年の国勢調査人口)に配分シェアを見たところ、図 4-1 のようになった。人口規模のカテゴリについては、第2章と同じ(都道府県名については73頁の注3を参照)。

　人口110万人以下の県は、総人口に占めるシェアは7.3%に対し、基準財政需要額総額(2016年度)は11.4%の配分となっている。人口が少なくても職員配置が必要であり、市町村におけるのと同様、人口の少ない県については割増する段階補正の仕組みがある。しかし、歳出特別枠の配分はほぼ20%で推移しており、基準財政需要額の平均的な配分よりも上乗せで配分されていることがわかる。人口110-170万人の県は人口シェア13.5%に対し、基準財政需要額が17.8%、歳出特別枠は30%とここも割増されてはいる。

　人口170万-300万人のグループは、人口シェア22.4%に対し基準財政需要額のシェアは23.9%であり、歳出特別枠の配分も25%とほぼ人口に応じて配分されている。300万人以上の都道府県では、人口シェア56.8%に対し、基準財政需要額のシェアは47.0%である。歳

出特別枠については、さらに割り落としがなされ 30-40% 程度の配分になっている。

　第1章で見たように歳出特別枠が恒常化したのは、三位一体改革などでとりわけ人口が少なく地方財政が厳しい自治体の財政状況がいっそう厳しくなったことを緩和する目的もあった。その意味では、財政の再分配機能は果たされているといえよう。

　ところが、経年的な傾向を見ると、**図4−1**で見るように 300 万人以上の都道府県の配分がわずかながら逓増しているのである。地方創生を標榜して人口増加に国・地方あげて取組が進められているが、人口の多い都道府県において、その配分が増えているのである。これは先に見たように、人口増について「取組の成果」を反映する補正係数があるためである。

　この配分を、人口増減率ごとに見るとなお明瞭になる（**図4−2**）。マイナス 1.9% は一般都市の人口減少率であり、アドホックな基準であるがマイナス 3% とあわせて基準とすると、人口増 8 都府県、マイナス 1.9%〜ゼロ 12 府県、マイナス 3〜1.9% 13 道県、マイナス 3% 以下 14 県とほぼ 4 分割できる[23]。

　人口のマイナス 3% 以上減少県は、人口シェア 11.7%、基準財政需要額シェア 16.2%（2016 年度）にかかわらず 3 割程度の有利な配分を受けている。人口減少割合の大きいところほど人口規模が小さいことが想定されるが、厚く配分されているかどうかについてはさほど明瞭

---

23)　人口は 2010 年と 2015 年の国勢調査人口の増減である。
　　人口増＝沖縄県、東京都、愛知県、埼玉県、神奈川県、福岡県、滋賀県、千葉県
　　人口＝−1.9%〜ゼロ　宮城県、広島県、大阪府、兵庫県、京都府、岡山県、石川県、栃木県、熊本県、静岡県、群馬県、茨城県
　　人口＝−3〜1.9%　香川県、佐賀県、三重県、北海道、岐阜県、福井県、富山県、長野県、大分県、奈良県、鳥取県、宮崎県、新潟県
　　人口＝−3% 以下　山口県、愛媛県、山梨県、島根県、鹿児島県、長崎県県、徳島、岩手県、和歌山県、山形県、青森県、高知県、福島県、秋田県

166

第4章 地方創生と地方交付税

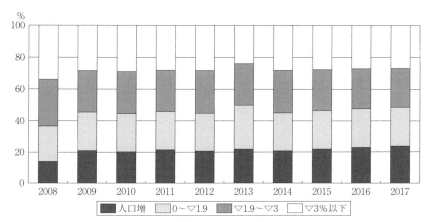

出所：図4-1に同じ。

図4-2 都道府県人口増減別歳出特別枠のシェア

ではない。一方人口増の都府県では、人口シェア40.8%、基準財政需要額のシェア32.7%に対し、2割程度の配分を受けている。東京都をはじめ人口増の都府県は人口が多く、そのため基準財政需要額の配分ではあまり有利ではないはずだが、傾向的には増加しているのである。人口減少特別対策といいつつ、10年前と比べての人口増を取組の成果とすることで、人口の減少している県に比べ、人口の増加している都府県は、相対的に有利な配分になっているのである。そして、人口増というのは当該自治体が頑張ったという側面もあるだろうが、経済法則そのものである。

この傾向は、市町村について見ても同様である。総務省のホームページでは、2014年度以降、全市町村の基準財政需要額の項目別の数字が全自治体について公表されているので、それをグラフ化してみた。

まず人口規模別に見る（**図4-3**）と、市町村をだいたい5グループに分けると、1万人未満512自治体、1から3万人442自治体、3から10万人504自治体、10万人以上189市、30万人以上72市となる（人

167

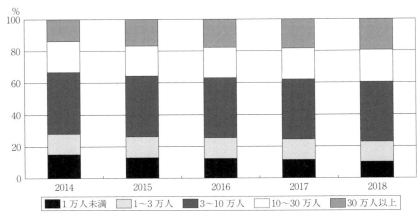

出所:総務省ホームページより作成。

図4-3 市町村人口規模別歳出特別枠の配分シェア

口の区分け基準はアドホックなものである。人口は2015年国勢調査人口。福島県内のいくつかの町村では避難状態なので国勢調査結果の人口はゼロであるとはいえ基準財政需要額は計算されているが、今回の計算から除いている)。

1万人未満自治体は、人口シェア1.9%、基準財政需要額(2016年)4.7%のシェアであるが、ほぼ10%の配分を受けている。逆に30万人以上の市(ほぼ政令指定都市や中核市、県庁所在地)は、人口シェア42.9%、基準財政需要額シェア37.1%のところほぼ2割程度の配分である。ここでも地方交付税の再分配機能は果たされてはいるが、経年的な傾向では、人口の少ないところで低減、人口の大きなところで逓増傾向であることがはっきりわかる。取組の成果として人口増を指標化したことが影響しているものと思われる。

人口増減割合(2010年と2015年の国勢調査人口)について市町村をカテゴリ化して集計してみても(図4-4)、人口増296自治体、マイナス1.9%~ゼロ＝205自治体(マイナス1.9%は一般市の増減平均)、

第 4 章　地方創生と地方交付税

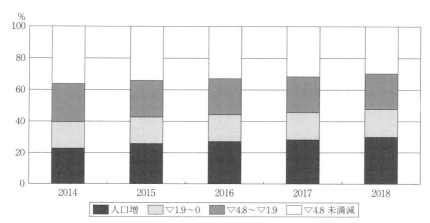

出所：総務省ホームページより作成。

図 4-4　市町村人口増減別歳出特別枠の配分シェア

マイナス 4.8％ から 1.9％＝380 自治体（マイナス 4.8％ は町村の増減平均）、マイナス 4.8％ 未満は 850 自治体ある。

平均以上に人口が減少している 850 自治体は、人口シェア 12.1％、基準財政需要額シェア 18.8％ であるが、地方創生が本格化するなかで、歳出特別枠に関連する地方交付税の配分は 3 割弱あって、厚く配分されている傾向が見られたところである。しかし、経年的には減少傾向が明瞭である。一方人口増の 296 自治体は、人口シェア 48.2％、基準財政需要額シェア 43.3％ のところ、3 割程度の配分である。これもグラフからは増加傾向は顕著である。

ここでも、地方創生、人口減少対策特別対策といいつつ、人口の減少している市町村に比べ、人口の増加している市町村は、相対的に有利な配分になっているのである。

これまで見たように、地方創生のための財源は用意され、人口の少ない自治体に厚く配分する傾向そのものは認められる。しかし、その厚い配分は徐々に薄くなりつつあるのである。

それは第2節で見たように補正係数の設定において、「取組の成果」を反映するとしているからである。これは10年程度前の人口増減を指標とするものである。この結果、積極的に地方創生施策を取らずとも、東京をはじめ大都市部の自治体へは人口の集中度が年々高くなっており、そのことが「取組の成果」に反映され、補正係数を有利にしているのである。これが、本書で「競争の時代」とした意味である。あくまで「競争」のルールは国が決めており、地方自治体は「競争」におわれたのである。

　地方創生の文脈のなかで、「人口のダム機能」が言われている。「増田レポート」では、東京一極集中の是正策のひとつとして、「若者に魅力ある地方中核都市の形成」をあげていた。魅力ある地方中核都市づくりに対し、資源、政策を集中的に投入することで、若者を地方にとどめるという意味で、「人口のダム機能」と呼ばれていたのである。地方創生政策の「深化」のなかで、地方の稼ぐ力重視などが政策化されたが、結局のところ、いわゆる田園回帰やUIターンではなく、若者のライフスタイルとして第三次産業、とりわけサービス業への雇用の吸収が目指されているのである。そして、地方部において、若者の雇用を吸収するにふさわしい産業・人口の集積がはかられていくのは、地方中枢都市という見解があるのもこのような背景があるのである。[24]

24）　外川【2016】は、地方創生以前から進められてきた地方制度改革を整理し、「人口のダム」機能を果たす「受け皿」が、2007年の定住自立圏（人口5万人程度）、2014年の連携中枢都市圏（人口20万人程度）と人口規模が大きくなっていることを示し、「もっぱら国家の意図に沿って、国家主導で、中央主権的に、金太郎飴のように構築されるとすれば、それはもはや自治制度などではなく、『国家装置』の一部に過ぎない」（43頁）と批判している。

第4章　地方創生と地方交付税

小　括

　本節の課題は、自治体において取り組まれている地方（まち・ひと・しごと）創生の課題について、とくに財源の側面から評価することであった。

　第1節では、国における「まち・ひと・しごと創生」をまとめたが、改善すべき東京一極集中の原因が経済性にあることを軽視したものであること、さらに東京圏は世界都市を目指すべきと構想されていることを指摘した。第2節では、地方交付税における「まち・ひと・しごと創生」のための財源保障について検討し、恒久的な措置ではないこととともに、「取組の成果」を補正係数とすることで頑張った自治体の増額は頑張らなかった自治体のマイナスでもって賄われるという「競争」の性格をもつようになったこと、第3節では、人口減少等特別対策事業費の配分について検討し、人口減少対策といいつつ、人口の増加した地域に相対的に厚く配分される結果となっていることを示した。

　地方創生を標榜しつつも、地方自治体による主体的な過疎地域への対応策が強化されるのではなく、あくまで、国主導で、国によって「競争」のルールがつくられ、その結果、東京圏域や地方中枢都市などの、すでに経済的な基盤がある地域への地方交付税の配分が強められようとしているのである。

171

第5章

地方財政における「自由な財源」とは何か

　本章では、日本の地方財政制度における一般財源の意味を検討するとともに、「自由な財源」について推計することにしたい。

　一般財源とは教科書的には地方自治体が自由にその使途を決めうるものとされている。しかし、第1章で見たように、地方財政計画においては、地方税や地方交付税といった一般財源についても、対応する歳出が想定されている。こうした状態が、はたして「自由」なのかどうかが本章の問題関心である。

　かつて、三位一体改革の議論のなかで、決算・計画かい離問題が議論になった。仮に現在の地方財政計画が最適配分状態だと仮定するならば、財源の「流用」は効用の減少につながるはずである。しかし、オーツの地方分権定理を持ち出すまでもなく、住民に身近な地方自治体がその選好を反映して行財政運営を行っていくほうが効率的であるとする考えからすれば、国として決める地方財政計画が最適配分状態とは限らず、地方自治体の財政行動は、それよりも最適状態に近づく行動であると位置づけることができる。また、積立金をたてたとしても翌年度以降の歳出に充てることを念頭においているわけで、会計年度独立の原則を考慮しなければ、複数年度で効用を大きくしようとする合理的な行動ともいえる。

　このように、地方自治体が、ある分野の歳出を伸ばそうとするなら、それは他の分野の経費を削って捻出することになる。そうした増減も

173

含めて、最適を目指す財政行動であることもできるが、そもそも、地方財政計画のなかで、地方自治体が「自由にできる財源」が含まれていて、それを用いて特定の歳出分野に投入していると考えることはできないだろうか。

本章で検討する「自由な財源」とは、自治体の裁量でもって使途を決めうるということにとどまらず、そもそもどのように使っても自由である「遊軍」「リベロ」[1]のような財源としてあらかじめ予定されているものとして考えることとしたい。

本章では、まず、第1節でいくつかの制度面から「自由な財源」がどう捻出されているのかを検討したうえで、「自由な財源」の量的把握を行う。第2節では、この間の地方財政計画上の歳出特別枠が地方交付税の算定にどう反映したのかを考えることとしたい。

1　地方財政のなかでの「自由な財源」の類型と金額の推計

1　超過課税と法定外税

まず、地方財政計画に含まれない歳入である法定外普通税や超過課税について検討する。

法定外普通税や超過課税を導入することで得られる税収は地方財政計画の枠外であり、したがって地方財政計画の歳出とはリンクしない分野への支出も可能で、全額が自由に使うことができる「自由な財源」である。

まず、法定外普通税について、2016年度の法定外普通税は、19件416億円である[2]。地方税収総額は40兆円程度あるので、わずかな規模

1）「遊軍」とはもともとは軍隊用語だが、新聞記者で特定の担当部署をもたず大きな事件のときに投入される記者のことを指すことが多い。「リベロ」とは、サッカーで、特定の守備位置に固定せず、状況に応じてポジションを変える選手。西ドイツで活躍したベッケンバウアーが有名。

第5章　地方財政における「自由な財源」とは何か

でしかない。導入されている税目について見ると、福井県等で導入されている核燃料税等の原子力発電所関連の税収が、決算額の大半を占めていることがわかる。原発立地府県が、「原子力発電所の立地地域および周辺地域の原子力安全対策および生業・民生安定対策の費用に充てる[3]」ために導入したものである。そのほか、静岡県熱海市の別荘等保有税（2016 年度決算で約 5 億円）は、「リゾートマンション等の建設に伴いゴミ処理や消防梯子車、上下水道の整備など行政需要の増大に対処するため、非居住者にも固定資産税・都市計画税・市県民税の均等割以外にも住民税に代わる負担をしてもらうため国と協議の上、別荘等所有税が導入されています（昭和 51 年より）[4]」というものである。このように、普通税とされているものの自治体の歳出レベルでは実質的には使途が定められている税も多い。

　このほか、38 件 101 億円の法定外目的税がある。

　超過課税については、1000 を超える自治体で超過課税が行われており、2016 年度決算ベースで約 6515 億円の税収をあげている。このうちこのところ導入が進んでいる「森林環境税」は、2017 年 1 月現在 37府県 21 市で実施されているが、2014 年度決算で 315 億円でしかない[5]。「森林環境税」は、都道府県民税の均等割の超過課税で実施されており、教科書的には一般財源ではあるが、導入の経緯からいって、「森林環境の保全」という目的を達成するために増税されたことから、使途は限定して運用されている。

---

2)　『地方財政白書』（平成 30 年版）による。なお、従来は市町村における法定外普通税として商品切手発行税（主に政令指定都市とその周辺の自治体で課税。大都市における活発な消費を前提に大都市需要に対応するものであった）があり、1990 年度決算で 140 億円の収入があったが、消費税との二重課税を主な理由に 1994 年度で廃止された。

3)　福井県ホームページ http://www.pref.fukui.lg.jp/doc/zeimu/type/kakunen.html。

4)　熱海市ホームページ http://www.city.atami.shizuoka.jp/page.php?p_id=588。

5)　環境省ホームページ http://www.env.go.jp/policy/tax/mat-7.pdf

超過課税の大半は、法人からの税目である道府県民税（法人分）である（2010年度決算で4080億円）。この背景として以下のような説明がなされている。「法人住民税の場合も、超過課税とりわけ不均一超過課税の問題（大企業には超過課税を適用し、中小零細企業には標準課税に据え置く）がある。昭和49年度に国税法人税とともに市町村民法人税割の税率が引き上げられたが、租税特別措置による法人税負担の軽減の税収への影響を遮断し、地方財源のより以上の強化を図るべきだとして、それ以降急速に不均一超過課税を行う団体が増えた。昭和49年に兵庫県、横浜市、神戸市がそうした動きの先陣をきり、昭和50年代から60年代にかけて都道府県と市町村の両レベルで急速に拡大した。都道府県の法人税割の超過課税額は昭和50年度の約46億円からピーク時の昭和63年度には1704億円まで約37倍に増えている。また、市町村のそれは昭和50年度の402億円が、ピーク時の平成元年度には4126億円まで約10倍の規模となった[6]」とされている。法人の納税する税について、道府県民税や市町村民税の法人税割は、納税した法人税（国税）が課税標準であり、国税の減税は、地方税収の減収に直結する。

　このように法人に対する超過課税は「自由な財源」の調達方法となっているといえるが、導入の経緯は、国の減税政策による歳入欠陥の補完であった。もちろん、超過課税が導入されてからの時間経過とともに、「自由」さが増してきたことは否定できない。

　その金額は、景気低迷の影響もあり5000億円弱程度で推移していたが、このところ6000億円まで増えている（**表5-1**）。

　以上みてきたように、法定外普通税については、額は小さいとともに、法定外普通税といっても使途が定められている税目が多く、「自由な財源」とはなっていないようである。また、5000-6000億円程度の

---

6)　前田【2010】45-46頁。

第5章 地方財政における「自由な財源」とは何か

表5-1 超過課税の推移

（単位：億円）

	1985年度	1990年度	1995年度	2000年度	2005年度	2010年度	2015年度
超過課税	6,013	8,026	4,803	4,630	5,493	4,677	6,101
うち都道府県分	3,104	3,744	1,867	1,823	2,323	2,090	2,886
市町村分	2,910	4,283	2,936	2,807	3,170	2,587	3,215

注：四捨五入の関係で合計があわないことがある。
出所：『地方財政白書』各年度版から作成。

超過課税も、導入時においては国の減税による歳入欠陥の補完であっ
た。もちろん、導入後長い期間がたっているなかで「自由な財源」化
しているケースも想定できる。

なお、消費税導入以降の法人税減税の中で法人税を課税ベースとす
る法人住民税の減税が続いている。附加税をどう考えるべきかを検討
すべきことになっていることを付記しておこう。

2　留保財源

続いて、留保財源について検討する。

普通交付税の計算にあたっては、標準的な地方税収のうち25％は、
基準財政収入額に算定しない「留保財源」とされている。90年代以降、
地方税収は30-35兆円あるので「留保財源」は7-9兆円あるはずであ
るが、図1-1で確認したように、地方財政計画は収支相等であるから、
留保財源部分にも相当する歳出が計上されている。その一部は、「不交
付団体の水準超経費[7)]」に相当する部分であるので、その部分を差し引
くと、「留保財源」を使って自由に何らかの施策に充てることのできる
経費は5-7兆円の規模になる。

留保財源が存在する理由については、第一に、地方団体のあらゆる

───────────

7)　「不交付団体の水準超経費」とは、地方財政計画の歳出における項目。とはいえ、
　標準的な行政水準を超えるなんらかの行政需要を想定しているのではなく、不交付
　団体の留保財源部分を基準財政収入額に含まないことを操作する。

財政需要を完全に捕捉することは不可能であること、第二に、財政需要以外の独自の施策を行うための財源的余裕が皆無となるとともに、地方税の税源培養の意欲を失わせるおそれがある、とされている[8]。また、「税収が多い団体は、一般的には経済活動が活発であり、それに基づいてのより多くの行政ニーズの発生が考えられる（例えば、昼間流入人口が多いことに伴う清掃費をはじめとする都市的財政需要）[9]」こともあげられている。大都市にのみ課税が許される事業所税も、都市的な行政需要に対応するものであり、具体的な行政分野や金額はともかく、相応の都市的需要はあるとは考えられる。とはいえ、いわゆる都市的な需要にこたえる行政経費であるが、何をもって都市的需要というかは必ずしも明確ではない。

　都市的需要とは別の文脈で、総務省で長く地方交付税を担当していた岡本は、「議会費や、総務費、公共事業関係、産業振興、地域おこしにかかわる経費」などの、自由度のある、法による義務付けのない経費は、各地の自主的な努力の歳入、あるいは留保財源の中で行ってくださいというのが、一番分かりやすい方向だろうと思います」と述べている[10]。

　留保財源の金額的な推移（地方財政計画ベース）について見たのが**表5−2**である。1985年代は5兆円程度だった留保財源は、近年では8-9兆円程度の水準で推移している。

---

8)　石原【2000】458頁。

9)　黒田【2005】16頁。

10)　岡本全勝、柏木孝、川嶋幸夫、神野直彦、菅原敏夫による座談会「『三位一体改革』の行方と自治体財政の展望」『地方財務』03年7・8合併号、24頁。ただし、岡本は、「いくつかの改革はしていますが、実際はそういう方向になかなか進んでいません」として、減税補てん債、臨時財政対策債、地方特例交付金などの例をあげ、交付税本体は細くなっているが、「交付税もどきを含めますと、量は増えていますし、さらに種類も増えて決して地方の自立の方向に進んでいないのです」と述べている。（25頁）

第 5 章　地方財政における「自由な財源」とは何か

表 5 - 2　留保財源の規模の推移

（単位：億円）

	1985年度	1990年度	1995年度	2000年度	2005年度	2010年度	2015年度
留保財源	51,526	74,383	81,417	82,050	87,186	80,993	91,326
うち都道府県分	19,767	29,791	27,558	26,595	32,307	28,683	34,408
市町村分	31,759	44,592	53,859	55,455	54,879	52,310	56,918

注：都道府県分については、出所資料に標準税収と基準財政収入額が掲載されている。市町村分
　　については、基準財政収入額を100/75することで標準税収を試算し、その差額を計上した。
出所：『地方交付税関係計数資料』各年度版から作成。

　留保財源を充当する行政需要はなにか。それは都市的需要とともに、
公債費であることを、小西【2012b】は指摘している。[11]小西は、例え
ば合併特例債においては、元利返済額の 70% が基準財政需要額に算定
されるとして、残額の 30% が「非算入公債費」であるとしている。ま
た、過疎債でいえば、元利償還額の 70% が基準財政需要額（公債費）
に算定される。ここでも、残りの 30% が「非算入公債費」である。小
西は、この「非算入公債費」については留保財源が充当されるとする
のである。

　たしかに、公債費は地方財政計画の歳出項目として計上されている。
一方、基準財政需要額の算定においては、「非算入公債費」を措置する
項目がない。地方財政計画には計上されているが基準財政需要額の枠
外であるとすれば、留保財源を充当する歳出として想定されていると
しか考えられない。また、小西の検討では、人口規模の少ない自治体
において、留保財源が「非算入公債費」を下回る傾向、すなわち、基
準財政需要額で財源保障された経費の一部を「流用」して公債費に充
てている、としている。

　そこで、留保財源のうち、非算入公債費はどの程度なのかを見たの

---

11)　小西【2012b】52 頁では、「非算入公債費と留保財源の関係をみれば財政逼迫度
　　が現れることとなる。（中略）人件費を圧縮するなどを通じて非算入公債費を吸収す
　　ることで経常収支比率を抑えるのが、財源に乏しい小規模団体の財政運営の方法で
　　あった」とする。なお、小西は、5-6 兆円が非算入公債費であると試算している。

179

表 5 - 3　公債費返済にかかる留保財源からの負担額

		算入率	1985 年度	1990 年度	1995 年度
都道府県	災害復旧費	95％	82	97	99
	補正予算債償還（H10 以前）	80％	—	—	—
	公害防止事業債償還費	50％	107	139	191
	災害復興等債利子支払費	95％	—	—	15
	公債費分小計		189	237	292
	事業費補正分		3,741	5,385	4,636
	合　計		3,930	5,622	4,928
市町村	災害復旧費	95％	21	26	27
	辺地対策事業債償還費	80％	124	160	170
	補正予算債償還（H10 以前）	80％	—	—	—
	地域改善対策特定事業債償還費	80％	99	13	145
	過疎対策事業債償還費	70％	499	684	812
	公害防止事業債償還費	50％	2,899	3,852	5,101
	合併特例債償還費	70％	—	—	—
	災害復興等債利子支払費	95％	—	—	—
	公債費分小計		3,643	4,736	6,257
	事業費補正分		5,916	8,293	10,824
	合　計		9,559	13,029	17,081

注：たとえば、元資料で、85 年度の都道府県の災害復興費の基準財政需要額が 1,557 億円という
　　し、残りの 5％（82 億円）が留保財源からの負担額となる。
　　事業費補正については、事業債の種類ごとに算入される割合が異なるが、単純化して 50％ で
出所：『地方交付税等関係計数資料』各年度版より作成。

が表 5 - 3 である。基準財政需要額の計算方法としては、公債費として
計上するものと事業費補正で計上されるものがある[12]。いずれも、基準
財政需要額に計上される金額合計は、各年度の『地方交付税関係計数
資料』で明らかであるので、その金額を算入率で逆算したものと基準

---

12)　事業費補正とは、起債の償還にあたって、償還額の一定割合を地方交付税（基準
　　財政需要額）で措置する仕組みで、「投資的経費」（現在は「包括算定経費」）として
　　計上されるものである。従来は、都道府県においての河川費といったように「外部
　　性」のある事業で適用されたが、90 年代以降、地域づくりの観点から、地総債（地
　　域総合整備事業債）がその対象となり、90 年代中葉以降は、景気対策にも動員され
　　た（拙稿【2006a】参照）。その結果、都道府県・市町村合わせて 90 年代に事業費補
　　正の総額は 1 兆円を突破し、2000 年度には 3 兆円弱にまで増嵩した。

第5章　地方財政における「自由な財源」とは何か

の推移

（単位：億円）

2000 年度	2005 年度	2010 年度	2015 年度
91	68	59	40
794	799	508	254
218	198	192	176
10	13	2	1
1,116	1,081	762	470
8,804	11,115	6,775	6,043
9,920	12,196	7,537	6,513
32	25	23	13
184	170	125	85
382	407	249	135
106	72	36	14
1,003	1,134	1,025	817
6,082	5,827	5,439	4,527
26	26	615	1,425
47	55		
7,795	7,669	7,514	7,016
19,578	17,571	13,547	11,465
27,373	25,240	21,061	18,481

数値が計上されている。交付税措置率 95％ で逆算

計算した。

財政需要額との差額が非算入公債費となる。

　表5-3を見ると、まず、非算入公債費について、都道府県分と市町村分の比較をすると、市町村分が 2-3 倍の規模であることがわかる。また、とりわけ公債費分については、過疎対策事業債と公害防止事業債があるため、市町村分が格段の大きさとなっている。公害防止事業債とは、1971 年の「公害の防止に関する事業に係る国の財政上の特別措置に関する法律」に根拠をもつもので、立法当初はともかく現在では、地方自治体の策定する公害防止計画にもとづいて行う、下水道事業、河川・港湾における汚泥等の浚渫事業、公害物質に汚染された農地の土地改良事業、ダイオキシン類に汚染された土壌の汚染防止又は除去事業を対象として起こされた起債のことである。留保財源を充当するとされている「都市的な需要」に対応する経費である。[13]

---

13)　2015 年の基準財政需要額の状況でみると、都道府県で「公害防止事業債償還費」の配分がある都道府県は、北海道、岩手県、宮城県、秋田県、茨城県、群馬県、埼玉県、千葉県、東京都、神奈川県、新潟県、富山県、長野県、岐阜県、静岡県、愛知県、三重県、滋賀県、京都府、大阪府、兵庫県、奈良県、和歌山県、岡山県、広島県、山口県、香川県、福岡県、佐賀県、熊本県の 30 都道府県であるが、政令市を有

これまで、留保財源が「自由な財源」であるかを検討してきた。留保財源は、近年 8 兆円規模あるが、都道府県、市町村あわせて近年では 3-4 兆円規模の公債費が留保財源から充当されていることがわかった。とくに市町村において、留保財源が公債費に充当される部分が大きいようである。また、いわゆる人口の多い自治体では、税収の大きさから留保財源も大きいが、いわゆる都市的需要も大きく、留保財源の多くを充当することになっている。

　いずれにしても、留保財源といえども、かなりの部分が特定の経費に充当するよう制度設計されており、「自由な財源」たりえないことがわかった。

3　一般行政経費のなかで保障される「自由な財源」

　本章の問題意識は、基準財政需要額の算定において、そもそも地方自治体がその裁量で使うよう用意された「自由な財源」があるのではないか。いや、むしろ、すべてを霞が関で決定することが、地方分権定理などの経済学から見ても非効率であるばかりでなく、総務省サイドが地域によって異なる行政需要や住民の状態に応じて地方自治体が政策を展開することを重視するならば、地方財政計画や地方交付税の仕組みのなかに、あらかじめ自治体の自由裁量にまかせる財源が含まれているはずである、とするものである。

　地方財政計画の歳出には、一般行政経費の単独分（国庫補助負担金をともなわないもの）が計上されている。一般行政経費とは、給与費[14]

――――――――――――――――

　　している 16 都道府県で総計 176 億円のうち 156 億円（89％）、埼玉県、千葉県、東京都、神奈川県、愛知県、京都府、大阪府、兵庫県の 8 都府県で 138 億円（78％）を占めている。市町村でみても、総額 4527 億円のうち政令市と特別区で 2404 億円（53％）を占めている。このほか大都市近郊の衛星都市（町含む）と地方の工業都市（例えば、茨城県においては、日立市、鹿嶋市、神栖市）が配分を受けている。

14)　拙稿【2006b】で指摘したように、1990 年代に地域保健法によって市町村保健師の増員が求められたが、その配置数にはばらつきがある。それは、保健師分の人件

182

第5章 地方財政における「自由な財源」とは何か

や投資的経費、公債費、公営企業繰出金をのぞく経費で、地方財政計画の2-4割、10-30兆円程度を占めている[15]。決算統計では、性質別歳出の扶助費や物件費、補助費等が該当する。

　一般行政経費に含まれる単独事業といっても自治体の裁量があるものばかりではない。一般行政経費の単独事業のうち半分以上を占める社会福祉系統の単独事業は、国民健康保険や介護保険、後期高齢者医療などの特別会計への繰出金が該当し[16]、たとえば介護保険でいえば、給付費の8分の1を市町村が負担すると定められており、自治体の裁量は働かないものである（介護予防等に取り組むことで、給付費そのものを減少させるという意味での裁量を発揮することは可能である）。また、一般行政経費（単独分）の計上については「国の社会保障関係予算の伸び率等も勘案しながら、地方自治体が地域の特性に応じて単独の福祉施策を充実しうるよう所要額を確保している[17]」とされており、自治体の独自の福祉施策も想定されている。福祉施策以外にも単独事業は多く、自治体の裁量を発揮して住民や地域特性に応じた施策が想定され、それに充当される財源が用意されているのである。しかし、現在のところ、地方財政計画やその解説記事では、金額を確定することはできない。

　なお、地方単独事業（ソフト）については、2017年の経済財政諮問会議でも議論され、同年12月21日に閣議決定された「経済・財政再

　　　費は地方財政計画上は財源保障されていたかもしれないが、1990年代後半には全体
　　　の給与費の総額が減額して計上されてしまったからである。
15)　地方財政計画では事業ごとの内訳はわからないが、『詳解』や月刊誌『地方財
　　　政』に掲載される総務省担当者による解説記事で、一部の内訳は明らかにされるこ
　　　とがある。
16)　国民健康保険の療養費をはじめ、介護保険、後期高齢者医療保険においては、制
　　　度として国庫支出金、県支出金があるが、地方財政計画や基準財政需要額の算定に
　　　おいては、普通会計ベースで計上されるため、当該特別会計への繰出金が、単独事
　　　業として計上されている。
17)　『詳解（1990年度版）』213頁。

生計画改革工程表 2017 改訂版」において、「地方単独事業（ソフト）について、決算情報のより詳細な把握・分析と『見える化』を推進するための委託調査を実施（2018 年度）」とされている。2018 年度にはいり、「地方単独事業（ソフト）の『見える化』に関する検討会」が設置され、400 項目に細分化された地方単独事業（ソフト）の集計が行われている。[18]

　ただし、社会保障をはじめとする一般単独事業に充てる、という意味で財源が用意されており、自治体の自由になるという本書の意味での「自由な財源」とはいえない。

　さて、あらためて一般行政経費についての基準財政需要額の算定を項目において、「自由な財源」につながる費目がないかどうかについて検討する。

　毎年の『地方交付税制度解説（単位費用編）』から、自由な財源として措置されたように思われるものを、以下の視点で抜き出してみた。

　一つは、「その他の諸費」のうち、「他の算定項目では適切に算定されない経費」とされる「一般行政共通経費」である。

　基準財政需要額の算定は、たとえば都道府県の「警察費」では、標準団体（都道府県では人口 170 万人）における、警察官人件費をはじめ必要な事務経費も合わせて、所要行政経費が計算されている。そこから国庫支出金や使用料・手数料を減じると所要一般財源が求められる（これを測定単位［警察費の場合は警察官定数］で除算して、単位

18）　同検討会のホームページは、http://www.soumu.go.jp/main_sosiki/kenkyu/soft
_visualization/index.html。なお、地方財政審議会は、2018 年 5 月の意見書において、「今後とも、一般行政経費（単独）に相当する地方単独事業（ソフト分）に係る決算情報の詳細な把握・分析と、更なる『見える化』の取組を推進していくことが重要である」としたうえで、「地方交付税が使途に制限のない一般財源であること等に鑑みれば、特定の経費についてではなく、枠計上経費である一般行政経費全体について、国として保障すべき水準の検討がなされるべきである。」と述べ、水準の検討＝引き下げの可能性を覚悟しつつも、枠計上方式の継続を求めている。

第5章　地方財政における「自由な財源」とは何か

費用が求められる。基準財政需要額は、このような計算を、「警察費」、「消防費」、「土木費」、「教育費」、「民生費」、「衛生費」、「その他の行政費」といった行政部門ごとに足し合わせていくのである）。したがって、「他の算定項目では適切に算定されない経費」とは、事務経費の内訳が計算できないものとも言ってよい。本書における「自由な財源」である。

　1985年度の算定において『地方交付税制度解説（単位費用編）』によると、都道府県の標準団体では「その他の行政費」として60億3862万円が想定されており、そのうち「一般行政共通費」は2億4000万円である。『地方交付税関係計数資料』によると、1985年度の都道府県分の基準財政需要額の「その他の行政費」の全国総額は5368億円であるので、補正係数を考慮せずに案分すると213億円が「一般行政共通費」の全国合計額となると考えられる。

　もう一つは、項目ごとの所要一般財源の内訳として計上されている追加財政需要である。追加財政需要とは、「災害等年度内に予期しなかった財政事情に対応する」とされるものである。「予期しなかった財政事情に対応する」としながらも、基準財政需要額の算定にあたっての所要一般財源に含まれているということは、年度当初から普通交付税として配分されているということもできる。

　予期しない財政事情について、まず第一感で想定できるのは、大きな災害等への対応だが、それは特別交付税で賄われるだろう。地方交付税の算定実務においての予期しない財政事情とは、まずもって人件費である。これは、地方公務員の給与は、自治体ごとに設置される人事委員会による年度途中の勧告（通例は、国における人事院勧告がまとまって以降の9月頃）にもとづき、おおむね年末までに、当年の4月1日に遡って増額方向で改定されることによる（給与改善費という）。

　給与改善費の配分にあたっては、従来は「給与改善費の不足に充て

185

表 5 - 4　基準財政需要額の「自由な財源」の試算（都道府

		1985 年度					1990 年度
		標準行政経費(千円)	追加財政需要(千円)	比率(%)	基準財政需要額	「自由な財源」	
警察費		17,363,159	474,586	2.7	15,442	422	608
土木費	道路橋梁費	3,902,425	26,601	0.7	4,175	28	38
	河川費	407,210	6,185	1.5	199	3	4
	港湾	72,557	1,939	2.7	237	6	9
	漁港	72,557	1,939	2.7	135	4	6
	その他の土木費	1,126,908	34,326	3.0	629	19	28
教育費	小学校	23,943,152	639,431	2.7	14,930	399	534
	中学校	15,251,283	407,161	2.7	9,071	242	329
	高等学校	13,758,530	427,766	3.1	12,029	374	547
	(単)生徒数	25,132	411	1.6	1,943	32	46
	特殊教育諸学校	3,106,765	82,850	2.7	1,775	47	77
	(単)児童及び生徒	35,119	513	1.5	181	3	4
	(単)学級	20,694	205	1.0	136	1	2
	その他	4,530,106	56,895	1.3	4,369	55	79
	公立大学	—			—	—	—
厚生労働費	生活保護	4,633,376	33,512	0.7	2,084	15	21
	社会福祉	4,230,889	31,652	0.7	2,814	21	32
	衛生費	7,535,134	80,369	1.1	4,903	52	83
	高齢者保健福祉費	—			—	—	—
	労働費	858,917	17,495	2.0	614	13	19
産業経済費	農業行政	5,787,077	123,580	2.1	3,154	67	96
	林業行政費	938,205	21,538	2.3	463	11	16
	水産行政費	615,760	12,207	2.0	325	6	10
	商工行政費	2,274,265	22,281	1.0	1,880	18	32
その他の行政費	企画振興費	—			—	—	—
	徴税費	3,983,702	51,087	1.3	2,739	35	52
	恩給費	2,326,296	—	0.0	1,359	0	0
	その他の諸費	6,038,618	130,919	2.2	5,368	116	162
	うち一般行政共通費	240,000				213	419
包括算定経費						—	—
合　計						2,204 (2.45)	3,253 (2.75)

注：―は該当なし。0 は四捨五入の結果単位未満。項目の（単）は、たとえば、「（単）生徒数」は、
　　基準財政需要額経常経費全国合計に対する割合（％）。
出所：『地方交付税制度解説（単位費用編）』、『地方交付税関係計数資料』各年度版から作成。

186

第5章　地方財政における「自由な財源」とは何か

県・経常経費）　　　　　　（単位：億円）

1995年度	2000年度	2005年度	2010年度	2015年度
578	609	322	—	—
20	17	7	—	—
4	4	2	—	—
8	8	3	—	—
4	2	1	—	—
29	30	15	—	—
558	568	367		
325	324	198		
504	511	244		
38	38	10		
94	114	70		
4	5	0		
2	3	4		
78	57	26		
—	30	16		
15	14	4	—	—
33	34	15		
85	88	41		
3	4	2		
18	19	7		
92	91	41		
16	15	6		
9	9	4		
28	28	10		
19	19	8		
48	46	19		
0	0	0		
122	127	55		
336	357	98	—	—
—	—	—	1,167	929
3,071	3,169	1,598	1,167	929
(2.19)	(2.07)	(1.00)	(0.62)	(0.39)

生徒数を単位費用とするもの。合計欄（　）は、

ることも想定して、これまで給与費の一定割合として計上していたが、近年、追加財政需要額を給与改善費に充てていないこと、追加財政需要額は年度途中に生じた財政需要に対応するため道府県及び市町村の需要額の割合に応じて計上されることが望ましいことから、平成19年度より、道府県分及び市町村分の需要額の規模が同程度であることを踏まえ、追加財政需要額の計上総額が概ね同額になるように、『包括算定経費』に計上する[19]」こととなった。いずれにしても、給与費に応じて、あるいは包括算定経費で算定するということは、段階補正がなされる[20]ということであり、人口の少ない自治体に、人口1人当りで見て相対的に厚く配分される。

　地方財政計画上、基準財政需要額の当初算定においては、5700億

19)　『詳解（2007年度版）』304頁。

20)　都道府県における恩給費や、市町村における下水道費（下水道特別会計への繰出金）のような、配置されている職員がいなく段階補正がかかっていない項目には、追加財政需要が計上されていない。

円（2007年度の地方財政計画では給与費は22.5兆円であるから2.5%程度）が算定されている。地方公務員給与の年度内における増額は、90年代後半以降は、それ以下のことが多く、残余は、「自由な財源」となっている。

給与改善費と一般行政共通費の2つは、国として「この程度は必要だろう」と大づかみで措置されているのであり、本書で考える「自由な財源」である。これを都道府県について集計したのが、表5-4である。

合計を見ると、2204億円（85年度。基準財政需要額に対する構成比は2.45%）が90年代に3000億円台にまで増えたが（構成比でいえば90年度2.75%が最も高く、年度に従い低減し、95年2.19%、2000年2.07%）、2005年度には1598億円（1.00%）と最高時から半減し、包括算定経費に合算された以降の2010年度には1167億円（0.62%）、2015年度には929億円とさらに減少している。

市町村分の経常経費についても同様に試算したところ（表5-5では合計を記載）、2505億円（85年度。基準財政需要額に占める比重は2.87%）が90年代には3233億円（2.75%）に増えたが、95年2512億円（1.70%）、2000年度2728億円（1.65%）と都道府県より大きく減少をはじめたものの、2005年度には、2596億円（1.56%）と都道府県に比べ減額幅が小さくなった。その後、包括算定経費に合算されて以降の2010年度には1844億円（0.63%）、2015年度に至っては800億円程度とさらに半減している。

以上見てきたように、地方財政計画（基準財政需要額）に内在する「自由な財源」については、①超過課税は「自由な財源」だがその額はあまり多くはないこと、②留保財源は兆円単位あるが、公債費（非算入交際費）への充当と都市的需要への対応が必要であること、③基準財政需要額のなかに含まれている「自由な財源」は、90年代（「地方

188

第5章　地方財政における「自由な財源」とは何か

表5−5　基準財政需要額の「自由な財源」の試算（市町村・経常経費）

(単位：億円)

	1985年度	1990年度	1995年度	2000年度	2005年度	2010年度	2015年度
給与改善費合計	2,505	3,233	2,512	2,728	2,596		
包括算定経費						1,844	805
合　計	2,505 (2.87)	3,233 (2.75)	2,512 (1.70)	2,728 (1.65)	2,596 (1.51)	1,844 (0.63)	805 (0.33)

出所：表5−4に同じ。

分権さきがけ期）には、都道府県市町村あわせて基準財政需要額総額の2%強5000億円程度あったが、90年代後半の「構造改革期」を通じて低減していき、「競争の時代」にはいっても、2010年度で基準財政需要額総額の1%以下の2300億円程度、2015年度にはさらに減少していることがわかった。ただし、個別自治体レベルで考えると、減少しているとはいえ、基準財政需要額の1%以下ではあるが、標準団体で数千万円、人口1万人の町村においても2〜3000万円程度の「自由な財源」は存在している。

2　歳出特別枠と「自由な財源」

基準財政需要額の計算において、給与改善費や一般行政共通費と同じように、大づかみで措置されている項目も多い。積算にはそれなりの根拠があるだろうが、大づかみである以上、残余部分は「自由な財源」と考えることもできる。

大づかみでの算定について、たとえば、1988年からの「自ら考え自ら行う地域づくり事業」について見てみよう[21]。いわゆるふるさと創生1億円事業で、市町村が自主的・主体的に実施する地域づくりへの取組みを支援するため、全国の市町村に対し、一律1億円を交付税措置

21)　詳細は、拙稿【2006a】。

したものである（88 年の補正で 2000 万円、89 年の基準財政需要額の算定で 8000 万円が計上され交付された）。この 1 億円については、大づかみで措置されたものである。

　その後、90 年、91 年は、基準財政需要額の中の「その他の諸費」において「地域づくり推進事業費」の名目として、標準団体 1 億 2000 万円が計上されているが、具体的な内訳は不明である。92 年以降は「企画振興費」という項目が新設された。企画振興費においては、地域づくり推進事業費として、地方財政計画では 3300 億円、標準団体あたり 1 億 5290 万円が計上された。このほか、従来から「その他の諸費」として措置されていた企画調整費や環境保全対策費とは別に、国際化推進対策費（1642 万円）、社会参加支援費（50 万円）、近隣自治組織費（44 万円）、地域文化振興対策費（1925 万円）などが内訳として計上された。これらの結果、企画振興費としては、単位費用を 3480 円とし、人口の少ないところにも相対的に厚い補正係数になるよう段階補正が調整された（人口 4000 人の町村でも約 7000 万円の配分である）。

　積算にあたっては特定の事業が含まれてはいるが、多分に「自由な財源」であったから、自治体はそれを原資に、本書第 3 章で見たような定住政策をはじめ、保健や福祉事業の展開、エンゼルプランなどの少子化対策に取り組むことができた。まさに地方分権のさきがけ期である。

　しかし、この地域づくり推進事業費は、96 年から 3 年間かけて縮小され、98 年では地方財政計画の計上額は 1500 億円となり、99 年度には廃止された。構造改革期においては、総額の増加は見込めないなか、社会保障経費の増嵩をねん出するため、「自由な財源」を圧縮し続けた。

　その後、本書の時代区分で言えば「競争の時代」を迎える。リーマンショック対応を名目として設けられた「歳出特別枠」により、地方財政計画の総額削減の方向が見直された。この結果、「自由な財源」が

第5章　地方財政における「自由な財源」とは何か

どうなったのか検討したい。そこでこの間の地方財政計画に計上された歳出特別枠が、地方交付税の算定にどうつながったかを、年度ごとに、見てみよう。

　まず、リーマンショック前年の2007年から、地方交付税の算定には大きな変化があった。従来は、経常経費と投資的経費と公債費にわけて基準財政需要額を算定していたのを、投資的経費と経常経費の一部をもって「包括算定経費」として算定する新型交付税が導入された。同時に、「頑張る地方応援プログラム」とし3000億円が配当されたのである。

　頑張る地方応援プログラムは、「やる気のある地方が自由に独自の施策を展開することにより、『魅力ある地方』に生まれ変わるよう、地方独自のプロジェクトを自ら考え、前向きに取り組む地方自治体に対して支援を行うことを目的とするもの[22]」で、その算定方法としては、市町村の実施するプロジェクトの経費について特別交付税措置する（500億円）とともに、当該プロジェクトについて、成果指標を補正係数として採用し、普通交付税の算定において2200億円を目途に割増す仕組みである（2007年度はこの合計2700億円が措置された）。成果指標として採用されたのは、行政の実績を示す指標、農業生産額、製造品出荷額、事業所数、出生率、転入者人口、小売業年間商品販売額、若年者就業率、ごみ処理量であり、いずれも全国平均との比率を採用している。おおむね、地域振興費（人口を測定単位とするもの）について補正がされるが、出生率にもとづいて社会福祉費で、ごみ処理量にもとづいて清掃費で補正されるケースもある。

　頑張る地方応援プログラムの配分について分析した星野【2013】は、地域振興費（人口）の割合が大きいこと、行革対応分についても条件不利地域に対する補正が行われることから小規模団体に有利な配分と

---

22)　総務省資料による。

なっていると述べている。

　市町村が立案したプロジェクトについて国が採択すること自体が集権的な仕組みではあるが、「成果指標」による点検がなされることともに、その指標が全国平均との比率であることから、自治体は「競争」にさらされる。たとえば、すべての自治体が等しく人口増や雇用拡大の成果を頑張ってあげたとしても、全国平均との比率を指標とするなら、厚く配分はされない。

　2008年度の「地域再生対策費」4000億円は、地方法人特別税の創設に対応し、地域の活性化につながる経費に使うべく新設された項目である。「地域の活性化」というかたちで大づかみの計上である。

　2009年度には、地方財政計画では、リーマンショック対応として「生活防衛のための緊急対策」として、地方交付税を1兆円増額することとなった。地方財政計画では、「地域雇用創出推進費」5000億円が新設され、同額が基準財政需要額の算定における「地域雇用創出推進費」5000億円となった。「地域雇用・地域資源対策費」は、「雇用創出につながる地域の実情に応じた事業の実施に必要な経費を計上する」[23]ものと、かなり大づかみのものであった。

　具体的には、都道府県分として2500億円、市町村分として2500億円配分されるが、都道府県については、単位費用を2170円としたうえで段階補正とともに、態容補正としては、歳入合計に占める自主財源の割合の低さ、1人当り県民所得の低さ及び有効求人倍率の割合の低さを、市町村分については単位費用を1840円としたうえで段階補正とともに態容補正としては歳入合計に占める自主財源の割合の低さ、納税者1人当り課税対象所得の低さ及び第1次産業就業者比率の高さを、都道府県分の有効求人倍率をのぞきいずれも全国平均との比率でもっ

---

23)　平成21年度地方財政計画の概要 http://www.soumu.go.jp/main_content/000017466.pdf

192

第 5 章　地方財政における「自由な財源」とは何か

て割り増す方向での補正をすることとされた。リーマンショックは雇用への影響が大きかったものの、リーマンショックの直接の影響は相対的に小さいと思われる「県民所得の低さ」や「第 1 次産業就業者比率」を指標とする補正係数が採用されたことで、かねてから地域経済が厳しかった地域に重点的に地方交付税を配分するという意味では財源調整機能をはたすことになるが、全国平均との比較で補正係数が決まる以上、「頑張る自治体」は「頑張らなかった自治体」からの財源移転をうける競争の構図なのである。

　残りの 5000 億円については、「『地域の元気回復』に向けた地域活性化のための財源確保（一般行政経費）1,500 億円程度」と「公立病院に対する財政措置の充実など医療・少子化対策の充実（一般行政経費・公営企業繰出金）1,500 億円程度」「最近の金融情勢を踏まえた公債費の償還期限の見直し（公債費）2,000 億円程度」として、通常ベースの基準財政需要額の計算が盛り込まれた。特に公債費については、低金利を反映した繰り上げ償還のための財源とされており、公債費の単位費用として増額された項目は見られないので、繰上償還を行った自治体に特別交付税などのかたちで配分したのであろう。ここでは、相対的な競争の論理ではないが、「頑張った自治体」が報われる仕組みとなっている。

　地方交付税の財源調整機能の機能回復は、民主党政権のもとで加速した。2010 年の地方財政計画における「地域活性化・雇用等臨時特例費」9850 億円が計上され基準財政需要額への反映については、「地方交付税の臨時費目として『雇用対策・地域資源活用臨時特例費』（4500 億円程度。うち、雇用対策の取組に 3000 億円程度）を創設したところである。併せて、特別枠のうち『雇用対策・地域資源活用臨時特例費』以外の基準財政需要額への対応については、地方公共団体が地域のニーズに適切に対応した行政サービスを提供できるよう、関係費目にお

193

表5-6　活性化推進特例費の積算根拠

（単位：千円）

款	項	内　容	標準団体行政経費	
			都道府県	市町村
消防費	消防費	新型インフルエンザ対策等住民の安心・安全に係る消防救急体制の強化に関する事務	—	15,647
教育費	小学校費	地域の実情に応じた教育環境の充実に関する事業	378,540	607
	中学校費	〃	216,279	664
	高等学校費	〃	204,000	5,000
	特別支援教育費	〃	49,000	—
	その他の教育費	図書館・博物館・青少年教育施設等教育関連施設の耐震化・ユニバーサルデザイン化や、地域の実情に応じたスポーツ・教育環境の充実に関する事業	74,000	12,000
厚生労働費	社会福祉費	ひきこもり、ニート等の若年層を中心とした研修・相談体制の充実に関する事務　少子化対策に関する各種事業に関する事務　　(ｱ)認可外保育施設・保育ママ等に関する事務　　(ｲ)結婚支援活動の支援に関する事務	234,153	26,486
	衛生費／＊1 保健衛生費	(1)医師確保対策・救急医療の充実に関する事務 (2)健康づくり・疾病予防の支援に関する事務	374,772	11,543
産業経済費	農業行政費	農産物の加工や販路拡大など、農業関連産業の活性化に関する事務、就農支援に関する事務	652,520	4,751
	林野行政費	森林路網の整備に関する事務、施業の集約化に関する事務	106,744	＊2 69,888
	水産行政費	地域水産物の生産・販路・消費拡大など、水産関連産業の活性化に関する事務	68,044	
	商工行政費	(1)地域特産品の販路拡大など、商工観光産業の活性化に関する事務、(2)地域雇用創出の促進に関する事務	323,117	8,513
総務費	地域振興費	地域の特色を生かした生活しやすいまちづくりに関する事務	242,500	20,700
合　計			2,923,669	175,799

注：＊1　都道府県分は衛生費、市町村分は保健衛生費。
　　＊2　都道府県分の林野行政費と水産行政費は、市町村分ではあわせて林野水産行政費となる。
出所：『地方交付税制度解説（単位費用編）』平成22年度版、から作成。

第 5 章　地方財政における「自由な財源」とは何か

表 5 - 7　地域の元気づくり推進費

（単位：億円）

	基礎額	人件費削減努力による加算		計
		ラスパイレス指数	職員数削減	
都道府県分	650	650	650	1,950
市町村分	350	350	350	1,050

出所：総務省資料。

いて『活性化推進特例費』として増額を行うこととしており、5350 億
円（うち産業振興・雇用対策関連分 2300 億円）を算定する[24]」制度が
つくられた。

　「活性化推進特例費」は具体的には次のような項目での標準団体行政
経費が増となった（**表 5 - 6**）。消防費や社会福祉費などでは、新たな
行政需要への対応ということもできるが、産業経済費においては、本
来業務といえる積算内容となっている。そして標準団体の行政経費の
うち、産業経済費の増加分は、都道府県においては 39.3%、市町村に
おいては 47.3% を占める。しかも、測定単位は、農家数であったり林
業従事者であったりするので、「地方部」に有利な配分となる。

　2013 年の地方財政計画では「地域の元気づくり推進費」が 3000 億円
計上され、基準財政需要額としては項目「地域の元気づくり推進費」
が新設された。頑張る地方応援プログラム等において、「行革努力分」
はいくつかの項目において措置されていたが、地域の元気づくり事業
費においても、**表 5 - 7** のような人件費削減努力による加算が行われて
いるのである。しかも、補正係数の計算に使われる数値は、全国平均
との比率などであり、相対値なのである。ここでも、「頑張った自治
体」は「頑張らなかった自治体」からの財源移転をうけるのである。

　このような地方財政計画での特別枠が設けられ、基準財政需要額の
項目の新設のほか、既往の算定項目においても順次単位費用が増額し

24)　22 年度『詳解』231-232 頁。

195

ていった。これらの流れの主なものを表にしたのが、**表5-8**である。

こうして、構造改革期として地方財政が厳しかった2000年代と異なり、地方自治体に「自由な財源」がもたらされたと考えることができる。とはいえ、大づかみではあれ、地方財政計画等では相応の使途が指定されており、その意味では、全額が本書で取り上げる「自由な財源」ではない。

以上見てきたように、「競争の時代」において、地方交付税の配分は増える傾向がみられた。しかし、90年代の「地方分権さきがけ期」にはふるさと創生事業費として存在した財源であり、90年代後半からの構造改革期において減少した部分を戻した側面からいえば、全額を「自由な財源」とは位置づけられない。

より大きな問題点の一つは、第1章で見たように「歳出特別枠」や地方交付税財源の割増分は、臨時財政対策債が5-7兆円程度計上されており、そこから捻出されていることである。地方交付税で措置されるとはいえ地方自治体自身の後年度負担でもって当年度の財源に充てるという状況だったともいえることからも、「自由な財源」として評価はしづらい。

さらに、たとえば、地域経済・雇用対策費は、2018年度には終了していることである。歳出特別枠の特別たるゆえんは、恒常的な措置ではないことである。短期的な措置として自治体に配分された地方交付税が増額したとしても、自治体側にとっての「自由な財源」とは評価できないと考えられる。

そして、三つ目、配分された基準財政需要額の項目によっては、「取組の成果」を補正係数とするものがあることである。加えて、補正係数の指標が全国平均との対比を採用することで、「頑張らなかった自治体」から「頑張った自治体」へ移転する仕組みとする項目もあることである。地方財政制度として「自由な財源」と評価するわけにはい

第5章　地方財政における「自由な財源」とは何か

表5-8　歳出特別枠の規模と基準財政需要額への反映

(単位：億円、円)

年度	地方財政計画	金額(億円)	基準財政需要額の項目	単位費用 左：都道府県 右：市町村	
2008	地方再生対策費	4000	地方再生対策費(人口)　　　　　　(面積)	1300 円	1670 円 1210 円
2009	地方再生対策費	4000	地方再生対策費(人口)　　　　　　(面積)	1300 円	1670 円 1210 円
	地域雇用推進費	5000	地域雇用・地域資源対策費	2170 円	1840 円
	既存項目	5000			
	地域の元気回復	1500	農業行政費 林野行政費（公有林面積） 林野水産行政費 社会福祉費	3000 円増 10 円増	2800 円増 8000 円増 200 円増
	公立病院 　公債費	1500 2000			
2010	地方再生対策費	4000	地方再生対策費(人口)　　　　　　(面積)	1300 円	1670 円 1210 円
	地域活性化・雇用等臨時特例費	9850			
	活性化推進特例費	4500	活性化推進特例費	680 円	526 円
	安心して暮らせる地域づくり 　子育てや高齢者の生活支援 　疲弊した地域の活性化 　緑の分権改革につながる豊かな地域資源の活用	690 2400 1700 560	社会福祉費 衛生費／保健衛生費 農業行政費 商工行政費 地域振興費 (人口)　　　　　 (面積)	1460 円増 900 円増 11000 円増 210 円増 117 円増	2000 円増 1460 円増 8900 円増 160 円増 180 円増 110000 円増
2011	地方再生対策費	3000	地方再生対策費(人口)　　　　　　(面積)	969 円	1260 円 900 円
	地域経済活性化・雇用等対策費	12000			
	雇用対策・地域資源活用推進費	4500	雇用対策・地域資源活用推進費	680 円	526 円
	子育て支援サービス充実推進事業 　住民生活に光をそそぐ事業	1000 300	社会福祉費 林野行政費 　（公有以外の面積） 　（公有林面積） 林野水産行政費	800 円増 140 円増 600 円増	800 円増 4000 円増

197

年	項目	金額	項目	単位費用①	単位費用②
2011	地球温暖化対策暫定事業	100	地域振興費（人口） （面積）	30円増	30円増 2000円増
	各種活性化推進事業	6100			
2012	地域経済基盤強化・雇用対策費	14950			
	地域経済・雇用対策費	7400	地域経済・雇用対策費	2630円	2340円
	子育て支援サービス充実推進事業	1000	社会福祉費	400円増	800円増
	住民生活に光をそそぐ事業 （児童虐待、消費生活）	350	林野行政費 林野水産行政費	90円減	4000円増
	地球温暖化対策暫定事業	100	地域振興費（人口） （面積）	12円増	50円増
	各種活性化推進事業	6100			
2013	地域経済基盤強化・雇用等対策費	14950			
	地域経済・雇用対策費	7500	地域経済・雇用対策費	2630円	2340円
	既存項目	7550	社会福祉費 林野行政費 林野水産行政費 地域振興費（人口） （面積）	300円増 140円減 12円増	700円増 19000円減 10円減 8000円減
	地域の元気づくり推進費	3000	地域の元気づくり推進費	528円	262円
2014	地域経済基盤強化・雇用対策費	11950			
	地域経済・雇用対策費	5900	地域経済・雇用対策費	2330円	1700円
	既存項目	6050	社会福祉費 農業行政費 林野行政費 　（公有以外の面積） 　（公有林面積） 林野水産行政費	500円増 6000円増 40円減 400円減	200円増 2600円減 16000円減
	地域の元気創造事業費	3500	地域の元気創造事業費	860円	2270円
2015	地域経済基盤強化・雇用対策費	8450			
	地域経済・雇用対策費	4400	地域経済・雇用対策費	1530円	1400円
	既存項目	4050	社会福祉費 農業行政費 林野行政費 　（公有以外の面積） 　（公有林面積） 林野水産行政費	700円増 2000円減 60円減 200円減	600円増 1900円増 6000円減

第5章　地方財政における「自由な財源」とは何か

年	項目	額	細目		
2015	まち・ひと・しごと創生事業費	10000			
		6000	人口減少等特別対策事業	1700 円	3400 円
		4000	地域の元気創造事業費	950 円	2530 円
2016	地域経済基盤強化・雇用対策費	4450			
	地域経済・雇用対策費	2300	地域経済・雇用対策費	790 円	740 円
	既存項目	2150	社会福祉費	600 円増	600 円増
			農業行政費	3000 円増	1900 円増
	まち・ひと・しごと創生事業費	10000			
		6000	人口減少等特別対策事業	1700 円	3400 円
		4000	地域の元気創造事業費	950 円	2530 円
	重点課題分	2500			
	自治体情報システム改革推進事業	1500	戸籍住民基本台帳費		140 円増
			林野行政費（公有以外の面積）	220 円増	
	高齢者の生活支援等の地域のくらしを支える仕組みづくりの推進	500（市町村）	林野水産行政費		19000 円増
			地域振興費（人口）		80 円増
	森林吸収源対策等の推進	500	（面積）		増減なし
2017	地域経済基盤強化・雇用対策費	1950			
	地域経済・雇用対策費	1300	地域経済・雇用対策費	450 円	420 円
	既存項目	650	社会福祉費	1000 円増	1200 円増
			農業行政費	3000 円増	1900 円増
	まち・ひと・しごと創生事業費	10000			
		6000	人口減少等特別対策事業	1700 円	3400 円
		4000	地域の元気創造事業費	950 円	2530 円
	重点課題分	2500			
	自治体情報システム改革推進事業	1500	林野行政費（公有以外の面積）	10 円増	
			（公有林面積）	100 円増	
			林野水産行政費		2200 円増
	高齢者の生活支援等の地域のくらしを支える仕組みづくりの推進	500（市町村）	地域振興費（人口）	29 円減	90 円減
	森林吸収源対策等の推進	500	（面積）		5000 円減
2018	まち・ひと・しごと創生事業費	10000			

2018		6000	人口減少等特別対策事業	1700 円	3400 円
		4000	地域の元気創造事業費	950 円	2530 円
	重点課題分	2500			
	自治体情報システム改革推進事業	1500	林野行政費 　　（公有以外の面積） 　　（公有林面積） 林野水産行政費	10 円増 増減なし	
	高齢者の生活支援等の地域のくらしを支える仕組みづくりの推進	500 （市町村）	地域振興費（人口） 　　（面積）	47 円減	6000 円減 10 円増 1000 円増
	森林吸収源対策等の推進	500			

注 1 ：項目のアミカケは、態容補正として「取組の成果」が反映する項目である。

　 2 ：このほか 2013 年度には、緊急防災・減災事業費 4550 億円がある。

出所：総務省資料から作成。2010 年と 2011 年は全国知事会地方交付税問題小委員会（2011 年 4 月 26 日開催）資料　https://web.pref.hyogo.lg.jp/governor/documents/000178739.pdf

かない。

小　括

　本章の課題は、日本の地方財政制度における一般財源の意味を再検討し、自治体の裁量を発揮しうる「自由な財源」の推移を定量的に分析することであった。その目的は、地方自治体にとって使途を自由に決めうる財源を「自由な財源」というとして、その量的な余裕の大きさが集権・分権を決めるということにある。

　第 1 節では、まず、超過課税や法定外税、留保財源について検討した。超過課税や法定外税の金額はわずかであり、運用上目的も定められていることがわかった。留保財源については、公債費に充当される部分が半分程度を占め、その残余も、「都市的需要」に充当される。

　さらに地方財政計画（基準財政需要額）に内在する「自由な財源」を試算した。90 年代には、都道府県市町村あわせて基準財政需要額総額の 2％ 強 5000 億円程度あった「自由な財源」が、90 年代を通じて

第5章　地方財政における「自由な財源」とは何か

増額してはいるものの、2000年度以降低減していき、2010年度にいたっては基準財政需要額総額の1%以下の2300億円程度にまで下がり、2015年度にはさらに減少していることがわかった。このうち、給与改善費については、地方公務員の給与改定割合は近年ではわずかであり、給与改定部分を想定した部分が減少しているとも考えることができる。個別自治体で考えると、基準財政需要額の1%以下ではあるが、標準団体で数千万円、人口1万人の町村においても1000万円程度の「自由な財源」は存在している。

　第2節では、歳出特別枠をつかった基準財政需要額への反映について検討した。地域経済振興や雇用対策とともに、既存の項目について基準財政需要として計上し、単位費用のアップとなったことを示したが、一定の使途が示されていること、恒常的な財源ではないこと、さらに、「競争」の反映であることから、「自由な財源」としては扱えないのではないかと思われる。

　地方税や地方交付税という教科書的には一般財源とされる財源ではあっても、地方財政計画という国が立案する計画によって使途が定められているという意味で、日本の国・地方行財政関係は、集権的な特徴を持っている。とはいえ、「自由な財源」としては、90年代前半までの「地方分権さきがけ期」には、公債費に充当しない部分の留保財源や地方財政計画に内包されていたものをあわせて兆円規模で用意されていたものの、公債費圧力の上昇と地方交付税の圧縮過程の中で、2000年をはさんだ「構造改革期」には大きく減少しており、地方自治を発揮しうる裁量の幅は少なくなってしまった。

　その後、「競争の時代」には、臨時財政対策債と歳出特別枠を通じて、地方交付税の増額がなされた。地方交付税という教科書的には自治体が自由に使途を決めうる財源は拡大した。地方にとって「冬の時代」を抜け出したように思われる。

しかし、第一に、雇用や地域振興、少子化対応など大づかみではあれ充当すべき政策が指定されて措置されている意味では、必ずしも「自由な財源」ではない。また、第二にその財源が臨時財政対策債という地方側の借金で賄われたこと、第三に、恒常的な措置ではなかった問題点がある。

　しかも、地方交付税の額そのものは増額しているものの、全国との比較という「競争」によって獲得される経費であり、基準財政需要額としてあらかじめ配分される「自由な財源」は低減している。全体の枠組みが大きくなった一方、個々の内実についてみれば「競争の時代」となったのである。

終　章

「競争の時代」の国・地方財政関係

　本書の課題は、第一に、地方財政計画を経年的に検討することによって今日の日本の国・地方財政関係における財源保障システムを検討することとともに、第二として、じっさいの自治体の財政行動を分析することによって一般財源の意味を再確認し、一般財源といえども必ずしも地方自治体の「自由」になる財源ではないことを前提にして「自由な財源」について量的に把握することであった。

地方財政計画の3つの時期区分から見えてきた分権と集権の相克

　本書の第一の課題は、地方財政計画の内容を経年的に、行政分野別に確認することで、日本の国・地方関係の財源保障システムについて整理することであった。

　第1章「地方財政計画と地方交付税」では、1990年代前半の地方財政計画の拡大とその政策的背景とともに、90年代中葉以降現在までの地方財政計画の変化を検討した。

　90年代の拡大は、投資的経費と一般行政経費の拡大によるものであり、まさに「地方分権さきがけ期」といえる状況だったが、90年代後半以降21世紀初頭にかけ「構造改革期」を迎える。景気後退の影響もあり、地方財政は厳しい時期を迎える。それは決算・計画かい離是正として投資的経費が削減したことや、一般財源そのものが減少したことよりも、教科書的には使途を自由に決めることができるとされてき

203

た一般財源が、地方財政計画上は使途が決められており、一般行政経費が拡大したといえども事実上使途を自由に決められてきたからである。2000年代後半以降、歳出特別枠の配分を通じて一般財源が増えた結果、地方財政はその厳しさを減じてはいる。この時代を「競争の時代」としたが、財源の配分は「競争」によるものであって、財政制度そのものは必ずしも地方分権の方向のものではない。

　第3章「定住政策と地方交付税」では、90年代以降、拡大してきた単独事業としての「地域づくり・ふるさとづくり事業」を中心に地域振興政策について検討した。

　地域振興、「定住政策」については、依拠すべき国の法律も計画もなく、ほぼ自治体の自主性と裁量が発揮できる分野である。自治体が第一次産業を含む定住人口促進のために総合的な地域振興政策として「定住政策」を展開してきたが、その効果を、若者定住促進住宅建設や投資的経費について、その原資となった地方交付税の仕組みとあわせて確認した。90年代前半の「地方分権さきがけ期」は財源が拡大傾向であったが、「構造改革期」にはいると、財政力の弱い自治体を優遇する仕組みとしての「企画振興費」が縮小され、事業費補正の仕組みについても一定の一般財源をもつ都市部の自治体しか利用できない結果となった。また、定住政策について、島根県海士町、宮崎県西米良村の先進例からケーススタディを行った。両町で施策が展開されたのは、ちょうど「構造改革期」であり、定住政策は、公共事業の縮減等によって一般財源を捻出してその財源としてきたのである。

　第4章「地方創生と地方交付税」では、地方創生政策が必要となった背景について概説するとともに、国における地方創生施策の展開をまとめた。

　地方創生が花開いたのは国によってその舞台がつくられた「競争の時代」である。地方自治体が行うべきとして国が用意した地方創生施

終章　「競争の時代」の国・地方財政関係

策推進のための財源保障の仕組みについて、「まち・ひと・しごと創生事業費」「人口減少等特別対策事業費」について検討した。とりわけ後者の配分を検討すると、人口減少に直面し地方創生政策の展開が必要な過疎・人口減自治体に厚く配分する傾向はあるものの、その傾向が弱まっていることが確認できた。

　このように第一の課題を検討することによって得られた知見は、日本における地方財政の特徴である地方財政計画による財源保障は、地方税や地方交付税といった教科書的には一般財源とされ、地方自治体がその使途を自由に決めることのできるはずの財源も含め収支が相等されているそもそもの性質から、加えてどの分野の施策を財源保障するかを決めるのはあくまで国であるということからも、集権の意味合いが強いことである。

　1980 年代後半から 1990 年代にかけての「地方分権さきがけ期」には分権がすすむが、1998 年の財政構造改革以降 2000 年代前半の三位一体改革を挟む「財政構造改革期」には集権化がすすむ。2000 年代後半以降の「競争の時代」において、歳出特別枠による地方財政には拡大傾向があり、地域経済の活性化、地方再生、振興のための事業を実施するための交付金という形での地方への財政移転が行われており、分権化の時代のように見えるが、その実際は、二つの意味での競争、地方自治体のプロジェクトを国が採択をするという意味と、「頑張った自治体」は「頑張らなかった自治体」からの財源移転が行われるという意味があり、集権が強まっていると評価するものである。

一般財源とはいっても自治体の自由にはならない

　本書の第二の課題は、じっさいの自治体の歳出行動について分析することによって、一般財源で財源保障された意味を考え、そのうえで、自治体にとって自由な一般財源の量を推定することであった。

地方財政計画を実現するための十全な財源保障といっても、地方税や地方交付税という一般財源で財源保障された結果、じっさいの自治体での歳出行動が国の期待とは異なる可能性がある。

　そこで、第2章「地方財政の構造変化と計画・決算のかい離」では、人口規模によって都道府県、市町村をグループ分けし、その傾向の分析を行った。

　その結果、都道府県においては東京都、市町村においては政令市が、全体の傾向と異なる財政行動をしていることがわかった。東京都は都道府県財政の2割、政令市も市町村財政の2割を占めており、その傾向が全体に影響するものと思われるが、その他の人口カテゴリーの道府県や市町村においては、財政行動の違いがあまり見られないものとなった。そんな中、2000年代の構造改革期においては、人口の少ない県において、財源が厳しい中でも、補助金等と公共事業費を増やして、地域経済を支えていた。2000年代後半以降の「競争の時代」の当初においては、人口の小規模な自治体において、国からの財源が厚く配分され、普通建設事業費の歳出を通じて地域経済の振興に役立てている行動が見られることがわかった。

　第3章では定住政策について、第4章では地方創生について検討した。定住政策は、90年代前半には「ふるさと創生」として財源保障された結果、各地で盛んに行われたが、「構造改革期」以降は、財源が縮小されたことにより、公共事業の縮減により財源を捻出して行われるようになった。地方創生は、国からの交付金によることと、地方交付税も取組の成果によって配分されるということから、財源は増えたかもしれないが、それは「競争」の結果である。

　この第二の課題は、第一の課題と関連している。自治体の裁量が大きいことが分権的実態をあらわしているとはいっても、それは地方財政計画において一般財源でもって財源保障されたからであるとともに、

終章　「競争の時代」の国・地方財政関係

地方財政計画に計上された事業内容そのものに自治体の裁量がある程度織り込まれているからである。

　そこで第5章「地方財政における『自由な財源』とは何か」では、地方自治体がその裁量を発揮できる、真の意味での一般財源としての「自由な財源」について検討し、量的把握を行った。

　まず、法定外普通税等を検討したところ、法定外普通税といえども使途が想定されており、「自由な財源」ではないことが確認された。法人に対する超過課税は、このところ6000億円規模を確保していることがわかったが、その制度導入の経緯から言っても、国の減税政策の結果である歳入欠陥を補てんするものであり、自由な財源のねん出にはつながっていないように思われる。

　次に、8兆円規模ある留保財源が本当に「自由な財源」であるかを検討したところ、近年では3〜4兆円規模が公債費に充当されていることがわかった。とくに市町村において、留保財源が公債費に充当される割合が増えているようである。くわえて都市的需要が一定規模あることをふまえると、留保財源といえども、「自由な財源」となっている部分はそう大きくはないものと推察できる。

　最後に、地方財政計画そのものに「自由な財源」が含まれている、とくに地方交付税の制度設計に含まれている可能性をさぐった。90年代の地域づくり事業と、21世紀の「歳出特別枠」の活用で一般行政経費は膨らんだ。また、「一般行政共通費」や「追加財政需要」という形で、都道府県、市町村あわせて90年代は5〜6000億円規模の財源が地方交付税制度の中に自由な財源として含まれていたが、近年では2000億円強程度と大きく減少している。個別の自治体レベルでいえば、人口一人当り数千円程度であるが、ナショナルミニマムと言ってよい社会保障分野や教育分野を地方自治体が担っている現状からいえば、その程度の財源であっても、自治体の「自由」になることには意味があ

る。ただし、その枠は小さくなっている。

その後、歳出特別枠を通じた国からの交付金で地方財政は一息ついたように見える。しかし、その歳出は投資的事業の展開にとまっている。また、歳出特別枠といいつつ、その初期は地方財政計画では臨時財政対策債の拡大によるものであり、安定的な財源ではなかった。さらに、交付金の獲得は「競争」なのである。

「自由な財源」の量的な拡大が分権につながる

このように、二つの課題を検討することによって得られた本書の知見は、「自由な財源」の規模が、集権化と分権化の相克を規定しているということである。地方税や地方交付税という教科書的には一般財源ではあっても、地方財政計画という国が立案する計画によって使途が定められているという意味で、日本の国・地方行財政関係は、集権的な特徴を持っている。

とはいえ、中央政府とは異なる法人格を持ち、住民により近いところでその選好にこたえる行動を行う地方自治体が実施することは、分権の方向性をも持つ。加えて、「自由な財源」としては、80年代から90年代の「地方分権さきがけ期」には、バブル期の税収増にささえられ、東京都や政令市といった税源が豊かな自治体において「自由な財源」となった。人口規模の小さい自治体にとっては、地域づくりのための地方交付税の配分が「自由な財源」となった。この「自由な財源」があったればこそ、分権化が進んだ。

1990年代後半からは、景気の減速によって税源が小さくなり、地方交付税も頭打ちとなった。「構造改革期」である。財源がなくなれば、自由度は小さくなる。投資的経費から一般行政経費への財源の移し替えが行われたものの、人口増のための地域おこし事業、定住政策の廃止や縮小が見られるようになる。地方税や地方交付税は、引き続き地

終章 「競争の時代」の国・地方財政関係

方財政計画で確保されてはいたが、その規模は縮小するとともに、福祉をはじめ一般行政経費の増嵩や公債費への充当などがあるため「自由」度は失われていった。地方自治を発揮しうる裁量の幅は少なくなっていたという意味で「集権化」が進んだのである。

　近年では、地方への移転財源は確保されてはいるが、その多くは「国庫支出金」であり、自治体のプロジェクトを採択するという意味合いにおいて集権化といわざるをえない。また、人口減少等特別対策事業費などの地方交付税での財源移転についても、その規模は大きいものの、補正係数は全国平均との比較で計算されるものが採択され、相対競争になっている。「頑張った自治体」は「頑張らなかった自治体」からの配分を削って配分されるのである。さらに、補正係数には「人口」が採用されている。過疎に悩む多くの自治体では、人口増のための施策をとってはいるが、そもそも経済力・企業の集中が人口移動の理由でもある。そうした都市部の自治体を「頑張った」と評価するのが現在の補正係数のあり方なのである。これらのことから、「競争の時代」においては、集権化が強まっているものと評価する。

　一般財源は教科書的な意味では地方自治体が自由に使途を決めることができるとされる。また、運用上、予算編成は当局において「自由」に行われ、地方議会において採決される。

　しかし、本書で見てきたように、一般財源だからといって、そのすべてが自動的に地方自治体の自由になるものではない。「自由な財源」の多寡が分権化と集権化を決めるのである。「競争の時代」において一般財源は増えているかもしれないが、必ずしも「自由な財源」が増えているわけではないことは集権化と評価できるのではないか、これが本書の結論である。

残された課題

　最後に、本書における残された課題について触れておきたい。

　まず、地方財政計画の評価をめぐってである。総務省担当者等による地方財政計画の詳細や背景については、毎年度の『改正地方財政詳解』や、月刊雑誌『地方財務』『地方財政』などの出版物で追うことができ、本書もこれに準拠してきた。しかし、担当者によって解説記事における重点の違いがあることが予想されるとともに、当事者の証言である以上、あえて触れない事実もあるだろう。したがって、証言の精査が必要である。また、地方自治体側からの視点、たとえば地方六団体からみての評価も、地方財政計画を検討する際には必要となってくる。

　2点目は、自治体における財政行動についての検討の精度をあげることである。統計学や計量分析の手法を用いることで、グラフにもとづいて視覚的に分析した本書とは異なる結論となる可能性もある。

　3点目は、「自由な財源」の量的な推計についてである。総額で2000億円、市町村当り数千万円というレベルにとどめず、もう少し詳細な結論が求められよう。2点目と同様、統計学や計量分析の手法をもちいれば、より細かい、かつ、経年的な検討が可能になると思われる。

　いずれも、時を改めて検討することとさせていただきたい。

＊　本書全体の叙述について、意見にあたる部分は筆者の私見であり、現在の所属の見解ではない。

あとがき

　序章で触れたように、本書は、2009年3月に中央大学から授与いただいた経済学博士の学位請求論文『1990年代地方財政における地方交付税・地方財政計画の財源保障機能についての研究』における問題意識をベースとしている。

　その後10年たっても、当時の問題意識である、集権と分権という視点でみたとき、日本の国・地方の財政関係をいかに評価するかは、今でも究明すべき課題であることを痛感する。博士論文では、本書でいうところの1990年代の地方分権さきがけ期から90年代後半の財政構造改革期の評価にとどまったが、その後、「競争の時代」がはじまり、その評価を行っておくことが必要であると考え、本書を上梓することとした。

　2012年、筆者は縁あって、和歌山大学に奉職することになり、経済学部准教授として「財政政策総論」ほかの講義をする機会を得た。同時に、当時の和歌山大学の行動計画にあった「地域を支え、地域に支えられる大学」づくりのため、地域貢献・連携関連の業務にも取り組んだ。

　2014年秋、大学人、民間コンサルタント、国家公務員が市町村の首長の補佐役として出向し、地方創生関連業務を支援する「地方創生人材支援制度」がはじまった。同年暮もおしせまった頃、和歌山県内のいくつかの市町村から受け入れたいという応募があることを知った。その一つに、上富田町があった。

　和歌山県全体は昭和末期から人口減少しているなか、上富田町は人

口が増加していることがまず印象的だった。さらに調べてみると、平成年代に企業立地と宅地開発がすすみ、ニュータウン型の住宅建設の結果としての社会増が人口増の原因であることがわかった。したがって、今は人口増を謳歌しているものの、いったん人口減少局面になれば、人口減少と高齢化が同時に急速に進むことが予想された。ある意味では、首都圏や地方中枢都市周辺にも似た、これから日本が抱えるであろう問題が上富田町にあるのである。せっかく地方自治の第一線において、住民や職員とともに地域課題を考え、その対応策を考えるのであれば、「限界集落」「限界自治体」における地域課題と政策を考えることも大切だが、こちらのほうが魅力的に思えた。

　そこで、上富田町への派遣を希望した。2015 年春には東京で「壮行会」がもたれ派遣者が一堂に会した。「諸君の活躍次第が今後の地方の、日本の命運を決める」という趣旨の初代地方創生担当の石破大臣訓示などを聞き、「特攻隊の出撃前はこんな感じだったんだろうな」と筆者自身は冷ややかであったが、安倍総理と握手していただいたとたん「前線で散ってきます」という気になってしまったのは、今では笑える思い出である。

　2015 年度から、週 2 日間の上富田町での勤務、残りは大学での勤務という二足の草鞋をはくことになった。当時の地方国立大学では、4割程度は研究にエフォートを充てることができたので、研究に対する持ち時間のすべてを地方創生業務に捧げることとなった。後で聞くと、大学人の多くは非常勤の「顧問」的な役回りで、決裁権限までもった筆者のような形態は珍しい方だった（フルタイムで役場の業務を行った方もいる。もちろん、私の役回りも「顧問」的なもので、庁内の起案や国への交付金申請文書その他は優秀な同僚や職員の産物である）。

　人口増の自治体に対する地方創生人材派遣も珍しかった。首都圏や地方中枢都市周辺と同様、引き続き人口を寄せる以外に解決策はない。

あとがき

　東京では、都市改造やオリンピックを開催することで若い人を呼び込むように、上富田では何ができるか。2代目地方創生担当の山本大臣は、「ローカルアベノミクス」「稼ぐ力」を重視したが、地方に魅力的な雇用とまちをつくること、そのことは必要なことである。

　地方創生人材支援制度の任期は原則2年間であり、2年はあっという間に過ぎた。3年目は、勤務内容は同内容で、上富田町と和歌山大学の連携協定を根拠に派遣をされた。その後、2018年度からは、大学の職を辞し、町役場の職員となり、予算編成から決算、財政健全化判断比率の計算など、財政全般の仕事の責任者をまかされることとなった。行政改革も事務分掌上、私の仕事となった。

　地方創生と財政の仕事をすることは、地方創生推進交付金をはじめ国からの補助金の獲得競争の渦中にいることでもあった。国の補助要綱や大臣発言を読み込み、政策の重点はこれだから、それにそった補助申請をすれば採択されやすい。実のところ上富田町においては、申請した地方創生関連の交付金のほとんどが採択された。本書では「競争の時代」といっているが、まさに競争の渦中にいたのである。

　私の専攻する地方交付税も同様であった。合理的・客観的な指標で計算するといいつつも、たとえば、第4章で見たように人口減少等特別対策事業費には、「取組の成果」をもって補正係数とする仕組みがある。人口を何％増やしたかではなく、人口を増やした率が全国平均と比べて多いか少ないかが、地方交付税（基準財政需要額）の算定に響くのである。人口以外の指標では、若者従業者数の伸び率、女性就業者数の伸び率なども採用されている。本文でも述べたが、そもそも若者や女性の就業の場が多い地域が有利である。「競争」といっても、そもそものスタートラインが異なっているのである。

　これらにより、「競争の時代」は、そもそも政府（国）によってルールが設定され審判されることもから集権性がより強まっているという

213

のが、地方自治体での業務からも実感したところである。

　制度的には集権的な側面が大きい国・地方財政関係であっても、地方自治体によって実施されるという分権的な実態をどう評価するかも、学位請求論文以来の筆者の問題意識である。本書第5章で見た「自由な財源」がキーワードになる。

　これも筆者が財政担当をしている2018年度に、総務省において、単独事業の調査が行われた（第5章）。地方財政状況調査表の90表を、相当細かく類型分けしようというものである。

　しかし、たとえば、乳幼児医療費（子ども医療費）の助成事業を考えてみると、厚労省にも内閣府にも相当する国庫補助負担金はないので、地方財政計画に含まれるとすれば一般行政経費の単独分に含まれるはずである。あるいは、そもそも地方財政計画の枠外の事業なのかもしれない。

　こうした単独事業は、福祉・社会保障だけにとどまらない。本書第3章で見たような、島根県海士町における妊産婦検診のための渡航費、宮崎県西米良村における高校生の下宿費用の補助もそうである。

　これらの費用は、地方財政計画のなかでどう位置付けられるべきだろうか。財政力指数0.5の上富田町においても町単のさまざまな事業が存在する。そもそも中央政府が制度設計したり実施したりするよりも、地方自治体が企画・実施したほうが効率的なのだから、それに要する費用は、大ぐくりで地方交付税（基準財政需要額）のなかに含まれていると考えるほうが自然であろう。

　本書第5章はまだまだ検証を緻密にしてブラッシュアップする必要はある。しかし寡聞にして、この点に立ち入った検討をする研究は行われておらず、本書の優位性となっていると、いささか自負しているところである。

あとがき

　本書を上梓するにあたっては、多くの方々の援助を受けた。

　中央大学経済学部の関野満夫教授には、2002年からの社会人大学院生として学んだが、指導教員として多くのご指導を受けた。関野先生からの励ましと適切な指導がなければ、社会人院生として時間が制約されている中で研究をすすめることはできなかった。関野先生の在外研究時には、片桐正俊先生（現、東京通信大学教授、中央大学名誉教授）のご指導もうけた。片桐先生には、とりわけ学問上の厳しさをご指導いただいた。このほか、お名前をあげきれないが、中央大学大学院経済学研究科の各先生、学会や研究会でのご指導をたまわった多くの先生や若い研究者仲間にも謝意を表するものである。

　前職の和歌山大学時代の先輩、同僚にもお礼申し上げる。6年間の在任期間ではあったが、経済学部においては、経済学にとどまらず、経営学、会計学、法学、情報学など専門領域の異なる諸先生方にたくさんの刺激をいただいた。教育学部やシステム工学部、観光学部の諸先生方も同様である。

　縁あって奉職している上富田町役場の関係者にもお礼しなければならない。とりわけ小出隆道前町長と奥田誠町長に感謝申し上げる。日常的な業務については、山本敏章副町長をはじめ先輩諸氏や同僚、部下の優秀な職員のみなさんからの指導と援助がなければ遂行できないことを痛感する。

　冒頭書いたように、地方創生が筆者と上富田町とのご縁の始まりである。市ノ瀬地区まちづくり協議会、南紀熊野ウェルネスツーリズム、熱中小学校など、上富田町における地方創生の取組が花開きつつある。筆者の役回りはエンカレッジメント程度にすぎず、上富田町民をはじめ関係者のご努力に改めて敬意と感謝を申し上げるものである。ひきつづき、末席を汚すことになるがご容赦いただきたい。

出版事情が苦しい中、本書の発行を引き受けてくれた株式会社自治体研究社に、とりわけ編集担当者の寺山浩司さんに感謝申し上げる。

　最後に、私事になるが、家族に対する謝意を書かせていただきたい。父と母（故人）、兄からなる、キリスト教のおしえとともに自発性を尊重した家庭でなければ今日の自分はなかった。また、妻と、3人の子どもにも感謝する。自発性が大きすぎるため自らのやりたいことを優先させがちで、家庭を顧みない夫と父の私に対してよくぞ愛想つかさなかったものだと思う。だが、自由にさせていただいたがゆえに、本書のような研究成果をまとめることができた。

　研究という自分のやりたいことが、自分だけの知的好奇心を満足させて終わるのではなく、日本における地方自治の発展にわずかでも貢献できれば喜びである。

　2019年盛夏

中島正博

参考文献・資料

［文献］

・赤井伸郎・佐藤主光・山下耕治【2003】『地方交付税の経済学』有斐閣。

・天川晃【1983】「広域行政と地方分権」『ジュリスト増刊 29 総合特集行政の転換期』日本評論社。

――【1986】「変革の構想――道州制論の文脈」大森・佐藤編著『日本の地方政府』東京大学出版会。

・池上岳彦【2004】『分権化と地方財政』岩波書店。

・石原信雄【2000】『新地方財政調整制度論』ぎょうせい。

・井堀利宏・岩本康志・河西康之・土居丈朗・山本健介【2006a】「基準財政需要の近年の動向等に関する実証分析―地方交付税制度の見直しに向けて―」Keio Economic Society Discussion Paper Series No.06-1。

――【2006b】「基準財政需要に占める「義務的な費用」に関する実証分析」Keio Economic Society Discussion Paper Series No.06-4。

・今井勝人【1993】『現代日本の政府間財政関係』東京大学出版会。

・植田浩・米澤健【1999】『地方自治総合講座 14 地域振興』ぎょうせい。

・遠藤安彦【2005】「激動の地方交付税：バブル期とその崩壊後の制度運営」『地方財政』44 巻 6 月号。

・大島通義・宮本憲一・林健久編【1989】『政府間財政関係論』有斐閣。

・岡崎靖典【1999】「地方単独事業における地方交付税の利用（上）」『自治研究』75 巻 10 号。

――【2000a】「地方単独事業における地方交付税の利用（中）」『自治研究』76 巻 3 号。

――【2000b】「地方単独事業における地方交付税の利用（下）」『自治研究』76 巻 8 号。

・岡本全勝【1995】『地方交付税　仕組と機能』大蔵省印刷局。

・小田切徳美・石橋良治・藤山浩【2015】『はじまった田園回帰』農文協。

・過疎地域問題調査会編【2002】『過疎地域における短期的人口動向基礎調査』過疎地域問題調査会。

- 金井利之【2006】「地域間平等の行政学」『年報政治学 2006 年 I 巻　平等と政治』木鐸社。
  ——【2007】『自治制度』東京大学出版会。
- 神奈川県【1984】『地方交付税制度に関する調査研究報告書』
- 金澤史男【1997】「地方分権の日本的文脈」『専修経済学論集』32 巻 1 号。
  ——【2004】「『自主財源主義』の問題点と地方交付税制度」『地方財政』43 巻 2号。
- 金目哲郎【2007】「地方交付税の財源保障機能の変容の検証」日本地方財政学会編『三位一体改革のネクスト・ステージ』勁草書房。
- 鎌田素史【2007】「歳出・歳入一体改革に揺れた地方財政」『立法と調査』2007 年 2 月号（通巻 264 号）。
- 北山俊哉【2002】「地方単独事業の盛衰—制度をめぐる政治過程」日本行政学会編『年報行政研究』37 号。
  ——【2011】『福祉国家の制度発展と地方政府』有斐閣。
- 北村亘【1999】「地方財政対策をめぐる政治過程」『甲南法学 '99』。
  ——【2009】『地方政府の行政学的分析』有斐閣。
- 北山幸子・橋本貴彦・上園昌武・関耕平【2010】「島根県 3 地域（海士町、美郷町、江津市）における U・I ターン者アンケート調査の検討」『山陰研究』第 3 号。
- 黒木定蔵「出生率 2.2 の小さな村　過疎克服の秘訣は『村民が楽しむこと』」『事業構想』2015 年 6 月号
- 黒田武一郎【2005】「地方交付税制度の財源保障機能をめぐる理論」『地方財務』2005 年 11 月号（通巻 617 号）。
  ——【2007】『シリーズ地方財政の構造改革と運営 2　三位一体の改革と将来像—地方税・地方交付税』ぎょうせい。
- 小西砂千夫【2002】『地方財政改革論』日本経済新聞社。
  ——【2007】『地方財政改革の政治経済学』日本経済新聞社。
  ——【2012a】『地方財政のヒミツ』ぎょうせい。
  ——【2012b】『政権交代と地方財政』ミネルヴァ書房。
  ——【2017】『日本地方財政史』有斐閣。
- 澤井勝【1993】『変動期の地方財政』敬文堂。
- 重森曉【1992】『分権社会の政治経済学』青木書店。

参考文献・資料

- 自治省財政課【1978】「地方財政計画の話」(1)〜(11)『地方財政』17 巻 1 号、同 3〜12 号。
- 神野直彦【1998】『システム改革の政治経済学』岩波書店。
- 神野直彦・金子勝編著【1998】『地方に税源を』東洋経済新報社。
- 田代洋一【1999】「中山間地域政策の検証と課題」田畑保『中山間の定住条件と地域政策』日本経済評論社。
- 田爪竜治【2007】「都市との交流深める西米良型ワーキングホリデー制度」『地域づくり』2007 年 4 月号。
- 田中宏樹【2005】「90 年代の公共投資政策と地方交付税」『大阪大学経済学』54 巻 4 号。
- 垂水亜紀・藤原三夫・泉英二【2000】「徳島県山城町における定住促進政策の展開と成果」『林業経済研究』46 巻 1 号。
- 地域活性化センター【2012】『「若者定住促進施策」の現状と課題』。
- 外川伸一【2016】「『地方創生』政策における『人口のダム』としての二つの自治制度構想」『山梨学院大学生涯学習センター紀要』20 号。
- 富沢木実【2013】「海士町にみる『地域づくり』の本質」『地域イノベーション』5 号。
- 中井英雄【1998】『現代財政負担の数量分析』有斐閣。
  - ——【1999】「自治体財政危機の需要額対比表分析」『商経学叢』45 巻 3 号。
  - ——【2007】『地方財政学　公民連携の限界責任』有斐閣。
- 中島正博【2006a】「地域振興と地方交付税の構造変化」『大学院研究年報（経済学研究科篇)』35 号。
  - ——【2006b】「地域保健法のもとでの保健師増員と地方交付税」『日本地域政策研究』第 4 号。
  - ——【2013】「地方財政計画と地方自治体の自由度」『研究年報』17 号。
  - ——【2014a】「島根県海士町の取組みから見た定住政策の課題」『経済理論』376 号。
  - ——【2014b】「宮崎県西米良村の人口減少対応策の成果と課題」『経済理論』380 号。
  - ——【2016】「地方創生のための地方交付税による財源保障」『経済学論纂』56 巻 3・4 合併号。
  - ——【2017】「地方創生事業と農業・農村」『農業と経済』84 巻 4 号。

・中武かずみ【2014】「若者の定住促進に向け独身者専用住宅——西米良村、結婚や子育て支援も充実」『地域づくり』2014 年 1 月号。

・西森光子【2005】「地方交付税の問題点と有識者の改革案」『レファランス』55巻 9 号。

・平岡和久・森裕之【2005】「市町村における一般財源の機能分析　地方財政計画——決算一般財源の乖離の検証をつうじて」『高知論叢』83 号。

・平嶋彰英【1998】「平成 10 年度の地方財政計画について」『地方財政』36 巻 3号。

・古川卓萬【1992】「資料：普通交付税の団体間配分に関する統計資料　昭和 57～平成元年度（都道府県分、市町村分）」『西南学院大学経済学論集』27 巻 2 号。

　——【1995】『地方交付税制度の研究』敬文堂。

　——【2005】『地方交付税制度の研究 II』敬文堂。

・古川俊一【2002】『政府間財政関係の政治分析』第一法規。

・星野菜穂子【2013】『地方交付税の財源保障』ミネルヴァ書房。

・保母武彦【1996】『内発的発展論と日本の農山村』岩波書店。

・前田高志【2010】「地方公共団体の課税自主権」『産研論集』37 号。

・前田豪【2004】『西米良村の挑戦』鉱脈社。

・増田寛也【2014】『地方消滅』中公新書。

・町田俊彦【1997】「公共投資拡大への地方財政の動員——地方単独事業の拡大と地方債・地方交付税の一体的活用」『専修経済学論集』32 巻 1 号。

・松田恵里【2015】「地方創生をめぐる論点」『調査と情報』838 号、国立国会図書館。

・丸山高満【1986】「政府間関係論序説」『自治研究』62 巻 9 号。

　——【1987】「地方経費の量的変移とそのインプリケーション」『福岡大学経済学論叢』31 巻 3・4 号。

　——【1989】「日本における政府間財政関係の特質」大島・宮本・林『政府間財政関係論』有斐閣。

・御船洋【2007】「地方交付税制度における基準財政需要の再検討」片桐・御船・横山編『分権化財政の新展開』中央大学出版部。

・宮本憲一【1973】『地域開発はこれでよいか』岩波新書。

・株式会社巡の環【2012】『僕たちは島で、未来を見ることにした』木楽舎。

・持田信樹【2004】『地方分権の財政学』東京大学出版会。

参考文献・資料

——【2005】「財政調整論の展開と日本の地方交付税」日本地方財政学会編『地方財政のパラダイム転換』勁草書房。
・森裕之・平岡和久【2006】『都市自治体から問う地方交付税』自治体研究社。
・矢野浩一郎【2005】「高度経済成長から安定成長へ——地方交付税の成長と質的転換」『地方財政』44 巻 5 号。
・山内道雄【2007】『離島発生き残るための 10 の戦略』NHK 出版。
・山本幸子・中園眞人【2008a】「島根県海士町における産業体験事業の取り組みと住宅施策」『日本建築学会中国支部研究報告集』31 巻。
——【2008b】「産業体験事業による転入者の転入動機と就労形態・住居形式——島根県海士町の事例」『日本建築学会中国支部研究報告集』31 巻。
・湯之上英雄【2005】「特別交付税における官僚の影響に関する分析」『公共選択の研究』45 号。

[資料]
・国土庁過疎対策室『過疎対策の現況』各年版（2000［平成 12］年以前）。
・総務省過疎対策室『過疎対策データブック』各年版（2001［平成 13］年以降）。
・総務（自治）省財政局『地方交付税等関係計数資料』各年版。
・総務（自治）省局長ら『改正地方財政詳解』各年版、地方財務協会。
・地方交付税制度研究会『地方交付税制度解説（単位費用編）』各年版、地方財務協会。
——『地方交付税制度解説（補正係数・基準財政収入額編)』各年版、地方財務協会。
・地方財務協会『市町村別決算状況調』各年版、地方財務協会（近年では総務省自治財政局編集となる）。
——『地方財政要覧』各年版、地方財務協会。
——『地方財政統計年報』各年版、地方財務協会（近年では総務省自治財政局編集となる）。

付表　地方財政計画の推移

	1985	1986	1987	1988	1989	1990
地　方　税	225,185	240,720	242,229	265,005	286,461	307,907
普　通　税	207,443	221,717	221,876	243,330	262,748	282,224
目　的　税	17,742	19,003	20,353	21,675	23,713	25,683
地方譲与税	4,620	4,832	6,673	4,977	14,534	18,409
地方交付税	94,499	98,309	98,894	106,286	124,690	137,594
国庫支出金	102,026	99,636	99,191	98,171	100,944	102,521
義務教育職員給与費負担金	24,335	2,440	24,421	24,611	24,732	25,730
その他の普通補助負担金等	32,078	30,996	31,022	31,629	33,513	34,285
公共事業費補助負担金	42,017	40,455	39,871	34,722	35,238	34,837
そ　の　他	3,596	25,745	3,877	7,209	7,461	7,669
地　方　債	39,500	44,290	53,900	60,481	55,592	56,241
使用料及び手数料	9,130	9,580	10,020	10,488	11,102	11,624
雑　収　入	30,311	31,091	32,889	32,790	34,404	37,106
歳　入　合　計	505,271	528,458	543,796	578,198	627,727	671,402

注1：「その他」は、失業対策事業費負担金、国有提供施設等所在市町村助成交付金、電源立地促進
注2：1999年以降の地方交付税には地方特例交付金を含む。

	1985	1986	1987	1988	1989	1990
給与関係費	149,582	158,598	163,538	167,212	173,808	183,106
一般行政経費	105,398	110,288	112,263	115,614	123,059	128,638
うち国庫補助負担金等を伴うもの	48,893	51,101	52,029	53,824	56,224	58,422
うち国庫補助負担金を伴わないもの	56,505	59,187	60,234	61,890	66,835	70,216
うち「臨時的なもの」						
公債費	56,677	58,736	61,251	61,853	61,690	59,023
維持補修費	6,583	6,780	6,977	7,163	7,537	7,692
投資的経費	166,343	170,584	175,939	195,268	205,536	213,550
うち公共事業費の普通建設事業費	73,358	74,335	74,941	81,220	81,600	81,408
うち一般事業費の普通建設事業費	33,965	35,184	37,023	39,254	43,854	46,308
うち特別事業費	49,795	51,667	54,181	63,694	68,597	74,020
うち地域総合整備特別対策事業費		3,300	3,500	5,000	6,030	6,450
うちふるさとづくり事業費						2,000
うち合併特例事業費						
公営企業繰出金	12,088	13,372	14,328	15,488	16,992	18,440
不交付団体の水準超経費	8,600	10,100	9,500	15,600	29,500	40,200
そ　の　他					9,605	20,753
歳　出　合　計	505,271	528,458	543,796	578,198	627,727	671,402

注1：2012年以降は通常収支分を掲載。
注2：一般行政経費の「臨時的なもの」は、地域福祉基金（1991年、1992年、1993年）、地域の元
注3：投資的経費の公共事業費とは、いわゆる補助事業である。
注4：歳出その他は、財源対策債償還基金（1989年）、財源対策債償還基金（1990年）、1991年は臨
　　と土地開発基金（5000）、2008年は地方再生対策費、2009年は地方再生対策費（4000）と地域
　　2011年は地方再生対策費（3000）と地域活性化・雇用等対策費（12000）、2012年は地域経済
　　特例対応分（7550）。うち緊急防災・減災事業費（4550）、地域元気づくり事業費（3000）、2014
　　ある。（　）の単位は億円。
出所：『地方財政計画』各年版から作成。

付　表

1991	1992	1993	1994	1995	1996	1997	1998	1999	2000
326,780	340,240	345,552	325,809	337,639	337,815	370,143	384,752	352,957	350,568
299,190	311,438	314,480	292,586	302,847	301,510	333,248	347,041	318,216	316,428
27,590	28,802	31,072	33,223	34,792	36,305	36,895	37,711	34,741	34,150
17,746	18,838	19,509	19,262	19,863	19,986	10,733	6,010	6,131	6,141
148,404	156,792	154,351	155,020	161,529	168,410	171,276	175,189	215,041	223,247
106,830	119,930	122,291	141,743	128,017	130,662	132,589	129,823	132,359	130,384
27,347	28,288	27,946	28,664	28,866	29,648	30,179	30,192	30,404	30,224
35,039	37,448	37,769	37,818	39,912	40,855	42,560	44,441	45,563	44,401
36,352	45,773	48,133	66,613	50,361	50,942	50,249	45,439	46,461	45,505
8,092	8,421	8,443	8,648	8,878	9,217	9,601	9,751	9,931	10,254
56,107	51,400	62,254	103,915	113,054	129,620	121,285	110,300	112,804	111,271
12,203	12,758	13,354	14,136	14,495	14,774	15,077	15,295	15,566	15,903
40,778	43,693	46,841	49,396	50,496	51,581	49,493	49,595	50,458	51,786
708,848	743,651	764,152	809,281	825,093	852,848	870,596	870,964	885,316	889,300

対策等交付金、地方道路整備臨時交付金などを合算している。

1991	1992	1993	1994	1995	1996	1997	1998	1999	2000
196,448	209,465	218,995	223,302	226,984	228,834	232,163	234,169	236,922	236,642
138,390	149,633	159,077	161,113	168,172	175,104	179,836	185,062	192,745	197,087
60,909	65,393	67,999	70,004	73,230	76,601	79,849	82,719	86,523	89,007
75,381	80,740	87,078	91,109	94,942	98,503	99,987	102,343	106,222	108,080
2,100	3,500	4,000							
58,421	60,698	65,547	89,215	76,939	88,623	96,403	104,840	113,882	120,991
7,846	8,179	8,674	8,953	9,168	9,347	9,613	9,728	9,870	10,043
227,350	244,655	267,918	290,723	303,620	310,652	310,692	292,183	294,788	284,187
83,748	85,596	91,280	94,199	97,208	97,780	97,477	87,329	89,258	86,772
80,294	91,247	105,798	118,319	132,428	148,619	148,554	142,677	144,736	128,713
5,530	5,260	5,930	8,190	8,910	9,735	10,020	9,820	6,520	5,731
4,670	6,670	10,000	13,000	14,300	15,700	16,170	15,850	11,650	10,000
20,433	22,639	25,741	27,875	29,910	31,988	31,189	31,582	32,709	32,750
35,500	31,500	18,200	8,100	10,300	8,300	10,700	13,400	4,400	7,600
24,460	16,882								
708,848	743,651	764,152	809,281	825,093	852,848	870,596	870,964	885,316	889,300

気創造事業費（2014年）まち・ひと・しごと創生事業費（2015年）。

時財政特例債償還基金（19460）と土地開発基金（5000）、1992年は臨時財政特例債償還基金（11882）
雇用創出推進費（5000）、2010年は地方再生対策費（4000）と地域活性化・雇用等臨時特例費（9850）、
基盤強化・雇用対策費（14950）、2013年は地域経済基盤強化・雇用等対策費（14950）と給与の臨時
年は地域経済基盤強化・雇用対策費（11950）、2015年は地域経済基盤強化・雇用対策費（8450）で

223

付表　地方財政計画の推移

	2001	2002	2003	2004	2005	2006
地 方 税	355,810	342,563	321,725	323,231	333,189	348,983
普 通 税	322,010	309,950	290,231	292,417	302,490	318,608
目 的 税	33,800	32,613	31,494	30,814	30,699	30,375
地方譲与税	6,237	6,239	6,939	11,452	18,419	37,324
地方交付税	212,516	204,485	190,755	179,909	184,159	167,233
国庫支出金	130,745	127,213	122,600	121,238	111,967	102,015
義務教育職員給与費負担金	30,138	30,548	27,853	25,128	21,150	16,764
その他の普通補助負担金等	45,755	45,907	46,345	48,279	47,371	45,174
公共事業費補助負担金	44,244	40,402	38,403	37,992	33,294	30,007
そ の 他	10,608	10,356	9,999	9,839	10,152	10,070
地 方 債	119,107	126,493	150,718	141,448	122,619	108,174
使用料及び手数料	16,073	16,178	16,386	16,420	16,438	16,450
雑 収 入	52,583	52,495	52,984	52,971	50,896	51,329
歳 入 合 計	893,071	875,666	862,107	846,669	837,687	831,508

注1：「その他」は、失業対策事業費負担金、国有提供施設等所在市町村助成交付金、電源立地促進
注2：1999 年以降の地方交付税には地方特例交付金を含む。

	2001	2002	2003	2004	2005	2006
給与関係費	236,509	236,998	234,383	229,990	227,240	225,769
一般行政経費	205,994	208,068	210,263	218,833	231,307	251,857
うち国庫補助負担金等を伴うもの	93,473	95,846	98,414	101,183	100,538	107,286
うち国庫補助負担金を伴わないもの	112,521	112,222	111,849	117,650	122,403	134,785
うち「臨時的なもの」						
公債費	127,901	134,314	137,673	136,779	133,803	132,979
維持補修費	10,165	10,124	10,068	9,987	9,817	9,768
投資的経費	271,705	245,985	232,868	213,283	196,761	168,889
うち公共事業費の普通建設事業費	84,278	76,463	71,552	66,419	61,153	56,194
うち一般事業費の普通建設事業費	53,869	48,536	95,138	79,082	69,233	60,593
うち特別事業費	120,266	108,030	52,629	54,639	53,408	39,174
うち地域総合整備特別対策事業費	3,831	9,500	8,500	7,000	2,400	
うちふるさとづくり事業費	8,800					
うち合併特例事業費		2,000	2,200	6,000	11,700	10,000
公営企業繰出金	32,697	32,177	32,052	30,797	28,659	27,346
不交付団体の水準超経費	8,100	8,000	4,800	7,000	10,100	14,900
そ の 他						
歳 出 合 計	893,071	875,666	862,107	846,669	837,687	831,508

注1：地方財政計画は、2012 年以降は通常収支分を掲載。
注2：一般行政経費の「臨時的なもの」は、地域福祉基金（1991 年、1992 年、1993 年）、地域の元
注3：投資的経費の公共事業費とは、いわゆる補助事業である。2007 年の特別事業費に計上されて
注4：歳出その他は、財源対策債償還基金（1989 年）、財源対策債償還基金（1990 年）、1991 年は臨
　　　と土地開発基金（5000）、2008 年は地方再生対策費、2009 年は地方再生対策費（4000）と地域
　　　2011 年は地方再生対策費（3000）と地域活性化・雇用等対策費（12000）、2012 年は地域経済
　　　特例対応分（7550）。うち緊急防災・減災事業費（4550）、地域の元気づくり事業費（3000）、
　　　である。（　）の単位は億円。
出所：『地方財政計画』各年版から作成。

224

付　表

2007	2008	2009	2010	2011	2012	2013	2014	2015
403,728	404,703	361,860	325,096	334,037	336,569	340,175	350,127	374,919
373,398	375,244	345,234	309,247	318,047	321,035	324,413	334,156	358,757
30,330	29,459	16,626	15,849	15,990	15,534	15,762	15,971	16,162
7,091	7,027	14,618	19,171	21,749	22,615	23,470	27,564	26,854
155,147	158,796	162,822	172,767	177,611	175,820	171,879	170,047	168,737
101,739	100,831	103,016	115,663	121,745	117,604	118,503	124,491	130,733
16,659	16,796	16,483	15,938	15,666	15,575	14,879	15,322	15,284
46,654	47,235	49,609	69,244	77,533	74,315	76,183	79,805	86,471
28,543	27,222	24,669	27,668	25,656	24,984	24,745	26,632	26,271
9,883	9,578	12,255	10,333	2,890	2,730	2,695	3,732	2,708
96,529	96,055	118,329	134,939	114,772	111,654	111,517	105,570	95,009
16,455	16,220	15,859	13,126	14,279	14,037	13,888	15,862	16,044
50,572	50,382	49,053	40,506	40,861	40,444	39,852	40,059	40,689
831,261	834,014	825,557	821,268	825,054	818,647	819,154	833,607	852,710

対策等交付金、地方道路整備臨時交付金などを合算している。

2007	2008	2009	2010	2011	2012	2013	2014	2015
225,111	222,071	221,271	216,864	212,694	209,760	197,479	203,414	203,351
261,811	265,464	272,608	294,331	308,226	311,406	318,257	332,194	350,589
112,300	115,660	122,887	144,313	157,481	158,820	163,919	173,976	185,490
139,510	138,410	138,285	138,285	138,601	138,095	139,993	139,536	139,964
							3,500	10,000
131,496	133,796	132,955	134,025	132,423	130,790	131,078	130,745	129,512
9,766	9,680	9,678	9,663	9,612	9,667	9,889	10,357	11,601
152,328	148,151	140,617	119,074	113,032	108,984	106,698	110,035	110,010
54,675	53,210	48,966	42,806	52,406	50,901	50,271	51,416	50,934
54,412	50,309	58,701	48,787	34,566	32,852	32,178	28,138	27,076
33,741	32,326	21,368	19,278	18,622	18,408	17,482	23,771	25,312
10,000	10,135	10,125	8,740	8,312	7,722	6,602	6,602	6,602
27,249	26,352	26,628	26,961	26,867	26,590	25,753	25,612	25,397
23,500	24,500	12,800	6,500	7,200	6,500	7,550	9,300	13,800
	4,000	9,000	13,850	15,000	14,950	22,550	11,950	8,450
831,261	834,014	825,557	821,268	825,054	818,647	819,154	833,607	852,710

気創造事業費（2014 年）まち・ひと・しごと創生事業費（2015 年）。
いた地域再生事業費 1500 億は 2008 年に一般事業費の普通建設事業費に移し替えられた。
時財政特例債償還基金（19460）と土地開発基金（5000）、1992 年は臨時財政特例債償還基金（11882）
雇用創出推進費（5000）、2010 年は地方再生対策費（4000）と地域活性化・雇用等臨時特例費（9850）、
基盤強化・雇用対策費（14950）、2013 年は地域経済基盤強化・雇用等対策費（14950）と給与の臨時
2014 年は地域経済基盤強化・雇用対策費（11950）、2015 年は地域経済基盤強化・雇用対策費（8450）

［著者］

中島正博（なかじま・まさひろ）

1963 年、大阪府吹田市生まれ。

1988 年、東京大学経済学部卒業。自治体問題研究所入職。

2002 年、同所で働きつつ、中央大学大学院経済学研究科に学ぶ。

2009 年、中央大学大学院経済学研究科博士課程後期課程修了。博士（経済学、中央大学）。

2012 年、和歌山大学経済学部准教授。

2015 年、和歌山大学に籍をおきつつ、地方創生人材支援制度にて、和歌山県西牟婁郡上富田町総務政策課企画員（地方創生担当）。

2018 年、和歌山大学を離職、上富田町総務政策課企画員（財政・情報システムグループ長）。

「競争の時代」の国・地方財政関係論
―― 一般財源は自治体の自由になるのか

2019 年 10 月 18 日　　初版第 1 刷発行

　　　　　　　著　者　中島正博

　　　　　　　発行者　長平　弘

　　　　　　　発行所　㈱自治体研究社

　　　　　　　〒162-8512 東京都新宿区矢来町 123　矢来ビル 4 F
　　　　　　　TEL：03・3235・5941　FAX：03・3235・5933
　　　　　　　http://www.jichiken.jp/　E-Mail：info@jichiken.jp

ISBN978-4-88037-702-5 C1033

印刷・製本／中央精版印刷株式会社
DTP／赤塚　修

自治体研究社

新版 そもそもがわかる自治体の財政

初村尤而著　定価（本体 2000 円＋税）

暮らしのなかのお金の流れに注目して、まちの予算書・決算書を読み、公共サービスのあらましを辿って歳入・歳出の仕組みを明らかにする。

データベースで読み解く自治体財政
──地方財政状況調査 DB の活用

武田公子著　定価（本体 1600 円＋税）

市町村の財政状況を表わす「地方財政状況調査個別データ」が総務省のウェブサイトで公開されている。その活用の仕方を分かりやすく解説。

四訂版 習うより慣れろの市町村財政分析
──基礎からステップアップまで

大和田一紘・石山雄貴著　定価（本体 2500 円＋税）

決算カードと決算統計などを使って、市町村の財政分析の方法を解説する。基礎から始めてステップアップで詳説。市町村財政分析の決定版。

公共サービスの産業化と地方自治
──「Society 5.0」戦略下の自治体・地域経済

岡田知弘著　定価（本体 1300 円＋税）

公共サービスから住民の個人情報まで、公共領域で市場化が強行されている。変質する自治体政策や地域経済に自治サイドから対抗軸を示す。

「自治体戦略 2040 構想」と自治体

白藤博行・岡田知弘・平岡和久著　定価（本体 1000 円＋税）

「自治体戦略 2040 構想」研究会の報告書を読み解き、基礎自治体の枠組みを壊し、地方自治を骨抜きにするさまざまな問題点を明らかにする。